读客文化

工作一年拉开差距：
问题解决

日本顾彼思商学院（グロービス）　著

梁俏萍　译

入社1年目から差がつく
問題解決練習帳

文匯出版社

图书在版编目（CIP）数据

工作一年拉开差距：问题解决 / 日本顾彼思商学院

著；梁俏萍译. -- 上海：文汇出版社，2022.8

ISBN 978-7-5496-3850-5

Ⅰ. ①工… Ⅱ. ①日… ②梁… Ⅲ. ①分析问题和解

决问题能力—研究 Ⅳ. ①F272.921

中国版本图书馆CIP数据核字 (2022) 第140027号

NYUSHA 1NENMEKARA SAGATSUKU MONDAI KAIKETSU RENSHUCHO by
Globis Corp.
Copyright © 2021 Globis Corp.
All rights reserved.
Original Japanese edition published by TOYO KEIZAI INC.
Simplified Chinese translation copyright © 2022 by Dook Media Group Limited
This Simplified Chinese edition published by arrangement with TOYO KEIZAI INC.,
Tokyo, through BARDON CHINESE CREATIVE AGENCY LIMITED, Hong Kong.

中文版权 © 2022 读客文化股份有限公司
经授权，读客文化股份有限公司拥有本书的中文（简体）版权
著作权合同登记号：09-2022-0508

工作一年拉开差距：问题解决

作　　者 / 日本顾彼思商学院
译　　者 / 梁俏萍

责任编辑 / 戴　铮　　邱奕霖
特约编辑 / 李思语　　李悄然
封面设计 / 于　欣

出版发行 / 文汇出版社
　　　　　 上海市威海路 755 号
　　　　　 （邮政编码 200041）

经　　销 / 全国新华书店
印刷装订 / 河北中科印刷科技发展有限公司
版　　次 / 2022 年 8 月第 1 版
印　　次 / 2022 年 8 月第 1 次印刷
开　　本 / 880mm×1230mm　　1/32
字　　数 / 99 千字
印　　张 / 7.75

ISBN 978-7-5496-3850-5
定　　价 / 49.90 元

前言

● 怎么样算是懂得"解决问题"的人？

　　本书中介绍的思考技巧，是十几年间我们与众多社会人士在课堂上进行多次演练、讨论而逐渐归纳出来的。这里面包括了很容易陷入的思考误区，以及相反的，"只要提前思考，所获成果就能大大不同的注意点"。懂得"解决问题"的人，是能够充分理解这种细微的"误区"和"注意点"，并进行思考的人。

　　本书是面向第一次接触"问题解决"的人，以及即将步入社会的职场新人的入门书。在这里，我们挑选了20个看似理所当然、实际上难度却出乎意料，并且十分重要的技巧，展现给大家。

● "解决问题"，最重要的是掌握"模型"

解决问题是有"模型"的。在掌握"模型"之前会比较枯燥，但是"模型"是基本框架，一旦掌握了，就能稳定输出成果。而且，反复运用"模型"，就能越来越迅速地进行判断。

为了能让大家掌握这个模型，本书会通过第1章至第4章，按照步骤进行说明，可以学习到思考的流程。而第5章，将会介绍前4章中需要注意的一些窍门。全书共由5章构成。

第1章是"要处理的是什么？思考'问题'"

这是解决问题的出发点。应该如何去思考"问题"，这是开始解决问题前必须学习的内容。

第2章是"看见什么？思考'现象'"

这是决定后续流程精准度的重要环节。本章将会介绍怎样去仔细辨别"正在发生什么情况"。

第3章是"为什么会变成那样？思考'理由'"

事实上，要为理由（为什么）找到有力的依据很有难度。本章将会介绍如何找到有力的依据。

第4章是"应该做什么？思考'解决方案'"

这是最终的环节。解决问题就是为了思考对策。本章将会介绍作为最终结论的对策，应该如何思考对策。

第5章是"为了进展顺利，思考'窍门'"

本章会介绍每个"步骤"的难点以及实际上很容易陷入的误区，学习每一步思考的要点。

本书按照"问题→现象→理由→解决对策→窍门"的顺序来讲述，便于大家理解。

● 如果只是自认为明白但无法实践的话，则没有意义

每一个思考技巧，其实都很基础，可能有不少读者在读过本书以后会感觉本书说的都是理所当然的内容。然而，哪怕是基础的内容，往往是自认为明白，一旦尝试去做的时候就会发现做不到的事。因此，本书分三步走，让大家循序渐进地理解，最终使自认为明白的事尽可能多地变成能做到的事。

首先，本书会通过例题去解说应该如何思考，同时，为大家展示思考的每一个步骤。希望大家抓住基本的思路，掌握方法。

其次，我们准备了练习题，让大家可以将例题与实际联

系起来。建议大家读完后，哪怕只是花一到两分钟，都要进行一些思考。

最后，为了进一步加深理解，书中将为大家介绍相关的关键点以及其延伸出来的思路。

● 要有意识地客观看待自身的思考

在进入正文前，先为大家介绍对所有内容都通用的、非常重要的思维方式，即"对自身的思考"，要能够客观看待、修正认知。可以想象一下让另一个自己出现，对自己思考的内容进行准确的评价。这也称作"高层次认知"，可以理解为在一般的思考层次的基础上提升高度，从更高的视角俯瞰事物、抓住本质。

如果会运用高层次思路，就能自己对自身的思考进行反馈，这样便能提升自身思考的质量。同时，即使是在与人讨论的时候，除了在现场参与讨论的自己以外，头脑中还可以有另一个自己，以便客观地去理解当场所发生的事情。这样的话，就能更容易地理解讨论的背景以及更好地思考讨论的要点。

很多时候，人往往不清楚自己当下在思考什么。有意识地培养另一个自己的视角，让自身的思考接受检验，这是掌握"解决问题"方法的捷径。

接下来，让我们一边培养另一个自己，一边去看看这20个技巧吧！

培养能够客观看待自身思考的另一个自己！

自己　　　　　　　　　　　　　　　　另一个自己

目录

第**3**章

为什么会变成那样？思考"理由"

第**4**章

应该做什么？思考"解决方案"

第**5**章

为了进展顺利，思考"窍门"

第1章
要处理的是什么？思考"问题"

· ·

在商务环境中，会发生各种各样的问题。问题一出现就想着必须得尽快解决它，但欲速则不达，重要的是不能急。本章将会梳理一下关于问题的思考方式，说说问题是什么。此外，本章会带大家深入理解应该如何认识问题、应该如何处理同时存在的多个问题，并学习在解决问题之前应该提前思考什么内容。

第1讲

思考应有状态、理想状态

人们常说，"现状与应有状态之间的差距就是问题"是解决问题的出发点。那么，"应有状态""现状""差距"具体应该怎样理解呢？此外，应有状态和理想状态有什么差异呢？

两家店铺在某个月的销售额如表1所示。A店的销售额是80万日元，B店的销售额是60万日元。你能否判断哪家店铺存在问题呢？

表1

	A店	B店
销售额	80万	60万

如果单从这个信息来进行判断，有可能会基于"B店的销售额比A店低"的理由，判断B店存在问题，进而调查B店的销售额只达到60万日元的原因，或者思考B店比A店销售额低的原因。

那么，如果是表2的情况，A店与B店之中，哪家店可能存在问题呢？

表2

	A店	B店
实际销售额	80万	60万
目标销售额	120万	80万

表2中增加了目标销售额这一项数据。从与实际销售额的差额来看，A店的差额是40万日元，B店的差额是20万日元，A店的差额更大。同时，我们来对比目标的达成度，计算一下达成率。A店的达成率是80万日元（实际销售额）÷120万日元（目标销售额）≈0.67，B店的达成率是60万日元（实际销售额）÷80万日元（目标销售额）＝0.75，达成率方面也是A店更低。

因此，基于A店实际销售额与目标销售额的差额更大，而且达成率更低的理由，可以判断A店的问题更大。

这里说明一点，只看现状，是无法判断问题的。要有应有状态（目标），把现状与应有状态进行对比，问题就会清晰起来。

那么，如果另外两家店铺（C店、D店）的销售额与目标的情况如表3所示，请思考一下哪家店铺存在问题。

表3	C店	D店
销售额	95万	90万
目标	100万	100万

这次，目标金额是相同的。如果从未达成目标这一点来说，可以说C店、D店都存在问题。或者说，C店虽然未达成目标，但与目标只相差5万日元，而D店与目标相差10万日元，与目标的差距更大，所以基于此，应该可以判断D店存在问题。

我们现在知道，只有应有状态（目标）是不够的，还要定义判断问题的依据。

如果存在问题＝未达成目标，那么C店和D店都有问题；如果存在问题＝对比目标有5万日元以上的差距，那么就是D店有问题。

有没有问题不仅仅是看现状，要通过与应有状态（目标）的对比进行思考。而且，定义判断问题的依据是非常必要的。

关键点1. 充分把握现状

关键点2. 确认应有状态（目标）

关键点3. 定义判断问题的依据

1. 充分把握现状

一方面，要充分把握现状，知道现在正在发生什么情况。

拿刚才的例子来说，就是把握A店至D店的销售额。本次例子中分析的销售额，在把握目前发生的情况时，是非常清晰的对象，而且也易于用数值来呈现。

另一方面，如果要分析的是"士气"这类难以用数值来呈现的对象，就要仔细考虑以什么来衡量士气，以及怎样把握它的现状。大家要知道，有时候把握现状也需要花费精力。

2. 确认应有状态（目标）

把握好现状之后，要明确"应有状态"是什么。在刚才的例子中，是把"目标"设定为应有状态。与考虑现状一样，要同时思考应有状态的定义以及如何进行量化。

3. 定义判断问题的依据

现状和应有状态都确定之后，自然知道两者之间是否存在差距。但是，存在差距不一定等于存在问题。以C店和D店的例子来说，在明确了判断问题的依据之后，才能确定是否存在问题。

案例A中，应有状态是目标值，120家客户；现状是100家客户。

案例B中，应有状态是3年后的目标，行业前3名；现状是第5名。

应有状态	120家	前3名
现状	100家	第5名
	（案例A）	（案例B）

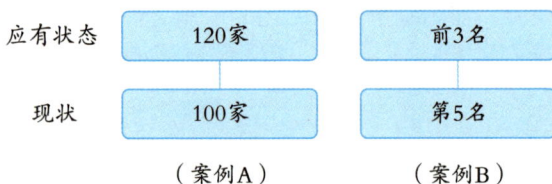

那么现在请想一下，案例A、案例B的现状是好还是坏。案例A的现状是有100家客户，这对比目标的120家还差20家，可以说是不太好的状态。

而案例B的现状是第5名，对比3年后的目标还存在差距，但是第5名这个排名是不是很差呢？这也未必。如果把不算差的状态作为正常的水平来看的话，案例A的应有状态120家客户是正常的状态，而案例B的现状第5名是正常的状态。

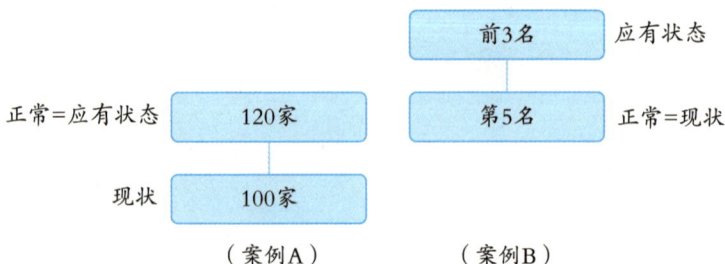

			前3名	应有状态
正常=应有状态	120家		第5名	正常=现状
现状	100家			
	（案例A）		（案例B）	

一般来说，如案例A，应有状态是必须达到的状态，而现状对比那个必须达到的状态，并没有达成（＝向负方向偏

离），所以常有的判断是存在问题。

另一方面，如案例B，现状不算差，但对比将来的目标是存在差距的。这里说的目标也是应有状态，但它是未来的目标，这个目标可以反映出将来希望变成怎样。

为了与案例A区别开来，我们把案例B的应有状态称作"理想状态"。这样的话，现状与理想状态之间的差距可以理解为正方向的差距。

总的来说，解决问题的目标有两种类型，一种是为了回到正确的状态而去解决问题，另一种是为了到达理想状态而去解决问题。

说起解决问题，很容易联想到为了回到正确的状态而去解决问题，即有些不好的情况=发生了问题而必须解决。其实同样的思路也可以用于思考如何消除与理想状态之间的差距。

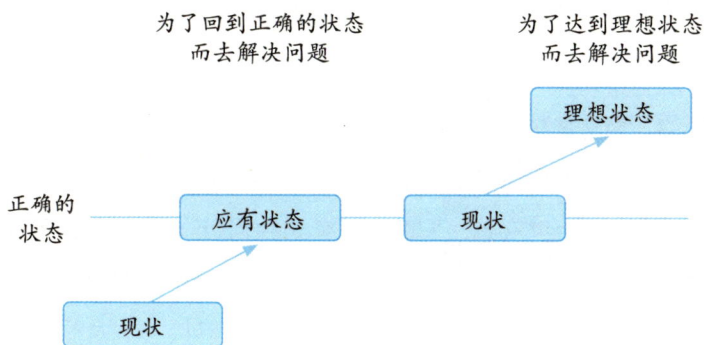

STEP UP!

最后，介绍一下关于应有状态、理想状态的要点。

● 一开始不用太执着于具体化和量化

应有状态和理想状态的具体化、量化是需要的，但要记住，一开始的时候不要花过多的精力在这里。

如刚才的演练习题，能确定目标是好的，但关于应有状态，可能存在以下的情况。

· 在目标比较模糊的情况下已经开始下一步了

· 虽然有目标，但是有可能不清楚目标本身是否正确

· 虽然有目标，但是环境发生了变化，本来就应该修正目标

此外，如果目标是像销售额那样能够用金额量化固然是好的，但有些情况是难以定义的。

而且，理想状态是描述未来的指标，有时候会不知道应该把目标定在哪个高度。还有一种可能，就是最开始决定了理想状态之后，现实中通过对各种情况的调查，收集到了别的信息，了解到了新的事实，理想状态本身也可能会发生变化。

拼命去思考不知道的事情是很耗费工夫的，对以后可能会变化的事情花费过多时间也是浪费精力。为了明确这些内容而努力是必要的，但要留意有没有花费过多的时间。

本来对问题进行定义就是为了解决问题。反过来说，关于要思考什么，只要能够明确方向性，以便具体地开始解决问题，这就足够了。

即使问题有些模糊不清，也可以尝试先着手，在此基础上根据进一步了解到的事实，再及时进行具体化。

● 有意识地为达到理想状态而去解决问题

为了达到理想状态而去解决问题，要有意识地为此腾出时间。这是因为现状没有达到必须达到的状态，通常需要急着去处理。

相对而言，为了达到理想状态而去解决问题，多数情况下时间是比较宽裕的，如果不是有意识地腾出时间去解决这些问题，时间就会全被用于回到正确的状态。大家要有意识地用更多的时间去为了达到未来的理想状态而解决问题。

为了回到正确的状态
而解决问题

为了达到理想状态而解决问题

↓

↓

大多是很紧急

大多是很重要但时间比较宽裕

● 我们身处的环境本身会发生变化，要理解这一点

所谓正确的状态，随着时间的推移，会一点点地发生变化，请大家首先理解这一点。环境会变化，正确的状态本身也会不断变化。

这种变化往往是一点点发生的，所以难以察觉。我们需要努力提高敏感度，抓住变化。此外，即使发现了变化，可能也会因为已经习惯了此前的状态，而倾向于认为原来的状态是正确的。建议大家要有意识地思考，目前当作正确状态的判断基准是否可以维持不变，是否需要改变。

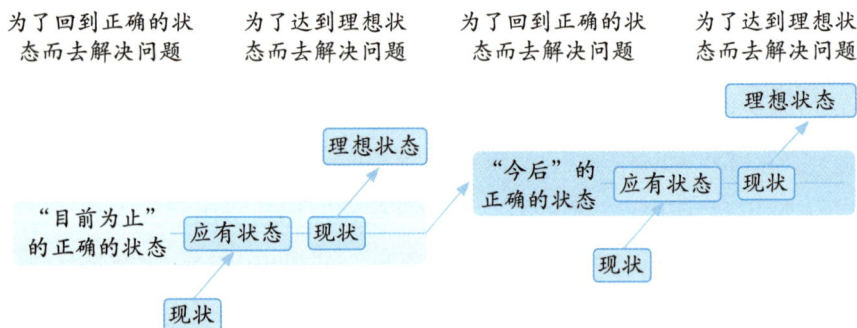

为了回到正确的状态而去解决问题　　为了达到理想状态而去解决问题　　为了回到正确的状态而去解决问题　　为了达到理想状态而去解决问题

理想状态

"今后"的
正确的状态　　应有状态　现状

"目前为止"
的正确的状态　　应有状态　现状

理想状态

现状

现状

人们很容易把常年习惯的现状视作正确的状态，但还应该看到，逐步改变基石也是走向未来所需要的。

希望大家都能理解为了回到正确的状态而去解决问题，以及为了达到理想状态而去解决问题这两者之间的区别，并把更多的时间用于后者。

小结

✓ 把握好"现状"、"应有状态"和"问题的定义"

✓ 不仅要对应有状态有意识，也要对理想状态有意识

✓ 意识到解决问题的目标有两种

✓ 持续思考什么是正确的状态

✓ 使用更多的时间为达到理想状态而解决问题

第2讲 | 思考以什么作为问题

要解决问题的话，必须先找到问题。那么，要怎样发现、理解问题呢？另外，发生的问题不一定只有一个，怎样才能不遗漏任何一个问题呢？

你在一个销售多个商品的部门内工作，这个部门发生了以下的情况：

"顾客来电咨询商品的使用方法时，负责的工作人员因为外出或者开会经常不在场，而公司内除了负责的工作人员以外，其他人员都不太熟悉情况，因此回复咨询内容时比较花时间，结果被顾客投诉处理速度慢。"

为了找到问题，我们尝试把需要留意的地方找出来。

· 顾客来电咨询时，负责的工作人员不在场

· 除了负责的工作人员以外，其他人员的处理时间长

如果问题是负责的工作人员不在场，那么如何联系上负责的工作人员，或者怎么做能够让咨询电话在负责的工作人员在场时才拨过来，就可以成为思考解决对策的起点。

如果问题是除负责的工作人员以外的人员处理时间长，那么对除负责的工作人员以外的人员进行培训，争取缩短处理时间，或者制作处理手册等，这些可以成为解决对策。

如上所述，即使出现的是一个现象，也可能存在多个问题，找出不同的问题，解决对策也会有所不同。

下面请思考一下，自己想解决的问题是哪个，是能够联系上负责的工作人员，还是负责的工作人员不在场时也能够应对顾客的来电咨询，还是两方面都要做到。通过思考希望达到哪种状态，就能更容易地对想解决的问题形成概念。

关键点1. 找出多个需要留意的地方
关键点2. 将解决对策具象化
关键点3. 思考最终的理想状态

1. 找出多个需要留意的地方

形成概念并不是以长篇大论的形式来描述问题，可以把这个过程想象成看文章时在需要留意的句子下画线的感觉。要记住，首先要找出多个候补问题，这也是为了避免轻易地把需要留意的地方都当成问题。

在本次的例子中，找出了以下两个候补问题。

- 负责的工作人员不在场
- 负责的工作人员以外的人员处理时间长

2. 将解决对策具象化

其次，尝试思考解决对策的方向具体有哪些。

如果问题是负责的工作人员不在场，那么就以不在场为前提考虑如何联系负责的工作人员。例如，其中一个可以考虑的对策是让所有负责的工作人员都携带手机。又或者，为了让咨询电话在负责的工作人员在场时才拨过来，限定来电咨询的时间段。

如果问题是负责的工作人员以外的人员处理时间长，那么就朝着其他人员能力提升的方向安排培训或制作咨询处理手册，让其他人员能够回答咨询内容，这些都是可以考虑的方向。

可能也有其他的方法，但为了避免说得太复杂，我们就用以上几个内容来说明。

问题是？	对策方案

问题是负责的工作人员
不在场时有来电咨询
→ 让负责的工作人员携带手机，便于联系
→ 把咨询来电的接听时间限定在负责的工作人员在场的时间

问题是负责的工作人员
以外的人员处理时间长
→ 实施培训
→ 制作手册

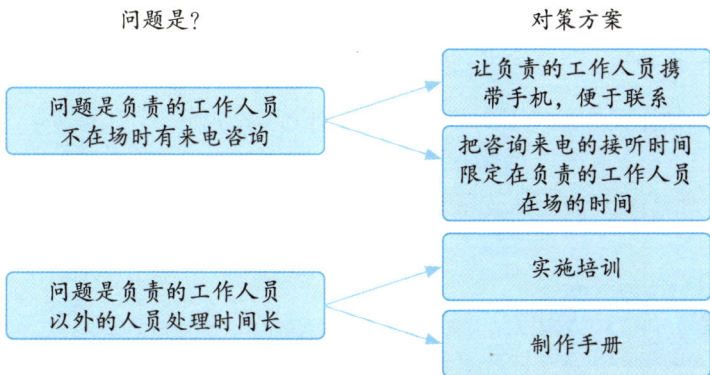

3. 思考最终的理想状态

　　最后是进行判断。到目前为止，我们讨论了什么是问题，想以什么为方向解决问题，问题的全貌逐渐清晰。现在要决定的是为了能够联系上负责的工作人员，要求所有相关人员携带手机，还是制作处理手册，让其他人员也参与应对来电咨询。

　　本来要选择以哪一个作为问题，是在一开始就应该决定下来的。但是要在没有任何信息的情况下决定选择哪一个，需要耗费很大的精力。

　　所以，可以对偶然想到的几个解决对策进行具体的想象，这样就可以把视为问题的事情以及对其采取的对策具体化，更能提高对问题的认知程度。

本来，为了找出解决对策需要进行详细分析，但重要的是继续向前思考。如果有时间去烦恼以哪一点作为问题，倒不如先详细思考下一步，在此基础上再作判断。

练习题

背景设定与刚才相同，有没有还没找出来的问题呢？请从“本该如何”的角度再思考一下。

解　答

刚才说的问题，都是以“顾客投诉处理时间慢”作为问题的根源。但如果回到“本该如何”的视角来看，就知道“发生了来电咨询”本身就是问题。

如果把“发生了来电咨询”作为问题的话，解决对策的方向就可以考虑为了不发生来电咨询，要把商品本身的使用便利性提高，或者找到一种不需要通过电话咨询，顾客也能够自己进行查询的方法。

把以上的内容图示化之后，如下图所示。

问题是？（上层）	问题是？（下层）	对策方案
问题是处理时间长	问题是负责的工作人员不在场时有来电咨询	让对应人员携带手机
		限定来电接听时间
	问题是负责的工作人员以外的人员处理时间长	实施培训
		制作手册
问题是有来电咨询	问题是商品的使用便利性不佳	改良用户操作界面
	问题是顾客无法自己进行查询	扩充HP[1]或FAQ[2]

需要"本该如何"的视角　　作为现象容易识别

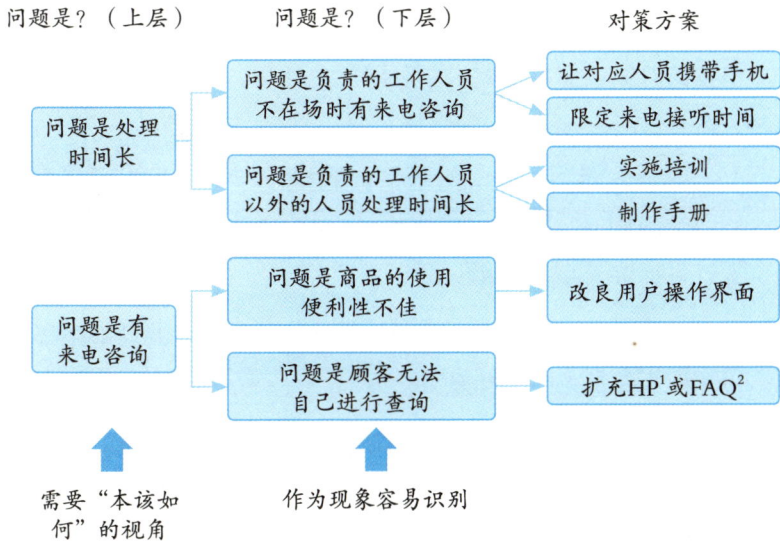

　　从这里可知，问题是分层次的。最初考虑到的问题是上图中部的内容，后来考虑到的问题在上图的左部，后来考虑的问题属于上层的问题。

　　下层的问题是发生的现象，肉眼可见，容易识别，而上层的问题需要我们有意识地去想"什么是最根本的问题"。大家要避免被发生的现象牵着鼻子走，在思考"本该如何"时，要自问一下上层有没有问题，并且要努力把握问题的整体情况。

　　在此基础上，思考以哪一点作为问题来处理，采取怎样

1　Home Page的缩写，意为"主页"。
2　Frequently Asked Questions的缩写，意为"常见问题解答"。

的对策。"为了消除来电咨询而改良商品的使用便利性"是根本的对策，非常重要，所以要优先处理，这也是其中一种思路。

另一方面，这个对策的实施需要花一些时间，而且需要一定的精力，于是优先采取"处理速度慢"这个现象的对策，也是可以考虑的思路。

重要的是，在把握了问题的整体情况之后，要理解把哪一点作为问题并采取对策。

STEP UP!

关于问题的关联性，我们再从别的角度稍作梳理。

职员A本年度的订单能否达成目标无法确定，可以说他存在 "订单目标能否达成"的问题。而相应地，管理团队的上司的问题则是"团队的订单目标能否达成"。

也就是说，问题主体的范围扩大了。同时，除了本年度的订单需要留意，下一个年度的准备工作也应该要做好。这样的话，不仅要关注今年的订单情况，还要扩展到"下一个年度的订单有没有问题"等问题。除了范围以外，还增加了对时间轴的考虑。

如上所述，要考虑哪个范围、时间跨度到哪里为止，问题会因为这些因素的不同而发生变化。一般在组织里，职位越高，需要考虑的范围就越大。然而，这并不表示作为普通员工的我们只需考虑到对应职位的范围，我们本来就应该以尽可能广的角度来思考。建议大家大范围地把握全貌，同时在此基础上考虑眼前的问题。

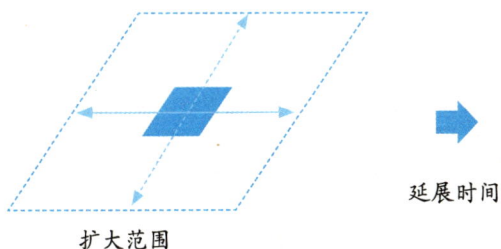

扩大范围

延展时间

小结

✔ 要认识到，问题不是只有一个，而会存在多个

✔ 问题会因为切入的地方和方法不同而变化

✔ 把握全貌很重要

✔ 范围如何划定、时间轴如何截取，这些很重要

✔ 要充分认识到自己的问题是从哪个范围来看的问题

第3讲 确认问题是否真的存在

一旦遇到问题，人们往往觉得必须得马上解决。然而，那个问题有可能只是碰巧发生的事情，这种情况下，研究、采取解决对策反而会耗费不必要的力气。你认为的"问题"真的是问题吗？应该如何辨别清楚呢？

　　某天，你收到了一封邮件，内容是"我对贵司的服务非常满意"。你很开心，向上司报告了此事，上司却没有表扬，反而说"这只是偶然的吧"。又一天，你收到邮件说"贵司的服务没有达到我期待的水平"，心里想着"应该只是偶然的吧"，但由于是投诉，所以向上司进行了报告。结果上司指示你马上回复致歉的邮件，并要求你复盘服务方面有没有问题。

　　是只有一个人感到满意，而那一个人发声进行了肯定呢；还是有一定数量的人感到满意，而其中的一人进行了肯定，到底是哪一种情况，光凭一个人的反馈是无法进行判断的，这正是令人烦恼之处。

下面的例子也是同理，到底是只有一个人感到不满，而那一个人进行了投诉呢；还是说有一定数量的人感到不满，其中的一人进行了投诉，只凭一个人的反馈是难以判断的。

不管是哪种情况，如果是一定数量的人有相同的感受，那么可能会有第二个人、第三个人发出声音，所以最好是多确认几个反馈。

这里希望大家意识到的是，"抓住预兆"和"确认正在发生的情况"要分开来考虑。第一个人的反馈，给了我们思考的契机，从这个角度来说是非常重要的信息，但这个情况是不是偶然发生的，也需要进行辨别。人们往往容易把一个现象当成事情的全部，结果采取了过多的措施，尤其是听到负面的声音时，这种趋势会更强。

关键点1. 对第一个出现的信号要敏感
关键点2. 充分确认正在发生的情况

1. 对第一个出现的信号要敏感

环境会经常发生变化，因此要意识到经常发生某种变化的可能性。同时，在没有发生任何事情的时候，要提前确认好没发生问题的正常状态是怎样的。这样一来，当与平时不同的情况发生时，就能够敏感地察觉变化。

2. 充分确认正在发生的情况

确认到反常的信息（预兆）之后，下一步就是把握清楚是否真的存在问题。也就是说，要辨别清楚是真正存在的问题，还是仅仅是偶然发生的情况。

如果情况允许，那么就要尝试收集信息。如果无法主动收集信息，就花些时间等待。请谨记，等待的时候要有比平时更高的敏感度，调查过往是否有类似案例也是其中一种方法。

预兆很重要，但不要因此而慌张，也不要因此花太多的时间和精力去进行调查。要考虑平衡，平缓过渡到下一步的行动。

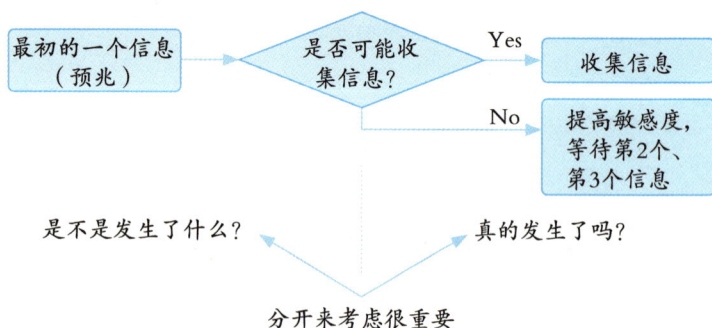

最初的一个信息
（预兆）　→　是否可能收集信息？　—Yes—　收集信息

—No—　提高敏感度，等待第2个、第3个信息

是不是发生了什么？　　　真的发生了吗？

分开来考虑很重要

你在运营一个有1000名注册会员的网站，本次网页更新之后，有会员反映使用便利性变差了。你得到了"使用便利性变差"这个信息，这是一个预兆，所以为了了解实际上是否有很多会员都有同样的感受，想进行一次问卷调查，收集信息。那么应该收集多少人的问卷信息呢？

解　答

最理想的是1000名会员的信息都能收集到。因为如果能够从已注册会员那里收集到信息，那就是全部的样本。

在统计学中，有一种调查方法是全数调查。然而，如果要收集全员信息，将会花费巨大精力。因此，通过统计对象的一部分，例如100名或者300名会员的信息，来推测整体的情况，也是比较常用的调查方法。在既没有时间也没有预算的情况下，先调查20人的情况也总比不做任何调查要好。

在这里要强调的是，我们需要充分理解，我们所调取信息的可靠程度有多高。如果调查对象是20人，那么只调查到了2%的人；如果调查对象有100人，那么已经调查到10%的人，要在充分理解这种关系的基础上，对调查结果加以注释。

如果是前者的情况，虽然通过调查可以预见一定的趋势，但样本量只有2%，所以需要慎重判断；相反，如果是后者，因为已经调查到整体对象的10%，所以其显现出来的某种程度的趋势有更大的参考意义。如上所述，建议在理解了我们所获取的信息相对于整体而言的比例之后，再思考调查结果的参考意义有多大。

STEP UP!

下面先介绍在调查时需要留意的要点。

● 选择调查对象时避免偏于单一化

在只能对部分人员进行调查的情况下，重要的是避免被调查者的属性偏于单一。如果统计总体是年龄层分布广泛的人群，那么即使只是调查部分人员，也要确保调查对象由较广的年龄层构成。

如果调查对象构成偏向于年轻人或偏向于高龄者，那么调查对象就不足以代表被调查人群的整体情况。选择调查对象时，要保持跟调查人群整体有相同的构成比例。比较常用的方法是随机选人，避免主观影响。

● 调查对象合适的样本量取决于统计总体的规模大小

统计总体是100人时的10个样本与统计总体是20人时的10个样本，其意义是不同的。前者占整体的10%，后者占整体的50%，后者更能代表整体的情况。

由此可以看出，应抽取的调查样本量根据统计总体的规模大小不同会发生变化。

在这里我们省略详细的计算公式等内容，主要的做法是根据需要推断的统计总体的大小，用统计的方法计算出应该抽取的样本量。例如，如果需要调查某个比例（1年以内身体有过不适的人的比例），假设允许误差是5%的话，前提就是可信度为95%，具体如下表所示。

统计总体	调查样本数
1 000 000	384
100 000	383
10 000	370
1000	278
100	80

要了解规模为100人的统计总体的情况，需要80人，即80%的数据；规模为1000人时，需要278人，即接近30%的数据；规模为1万人时，需要接近4%的数据。也就是说，统计总体的人数增加以后，需要的样本量不会随着总体数量大量增加。

而且，规模为10万人和100万人的统计总体，其样本数是383人和384人，只相差1人，可以理解为，只要有接近400人的数据，不管统计总体有多大，也能根据这个数据量进行类推。

如果允许误差缩小至3%、1%等，那么样本数就要增加一些。

还有一些情况是较难确认到实际情况的。例如，几万人之中才有1人会得的疾病、出现异常的概率非常低的事、一年可能只发生1次的事、最多只能以年为周期实施的事等。

不仅要考虑需要多少样本量，还要一并思考这些数据的产生频率、所涉及的现象属于什么性质的事情等问题。

小结

✔ 预兆与正在发生的情况要分开来思考

✔ 注意不要对预兆反应过度

✔ 不过度调查

✔ 结合调查样本数与统计总体的相对关系，思考参考意义的大小

✔ 对信息的收集方式和数据的性质也要保持思考

第4讲

在看数字前进行思考

为了解决问题而进行数字（数据）分析非常重要，但如果不注意，就会不知不觉地让数字成了"绝对"的一方，可能会被数字耍得团团转。为了恰当地解决问题，有些事情需要在看到数字前进行思考，接下来为大家进行说明。

你准备开始负责新的区域，现在打算调查一下各家店铺的职员人数和销售额的情况。请思考职员的人数与店铺的销售额可能会存在以下哪种状态。

A：朝右方上扬的趋势

B：朝右方下降的趋势

C：分布零散

A的状态是，只要职员人数增加，销售额就会增加。这有可能是人员分工合理、能够高效接待顾客的状态，或者是店铺面积很大，需要较多的职员。

B的状态是，职员人数增加后，销售额反而会降低。如果店铺空间狭窄，人员增加后反而使工作效率变低，可能会导致这种趋势。不过这种情况发生的可能性应该不高。

C的状态是，基本看不出职员人数与销售额之间的关联性。销售额的影响因素不一定只有职员人数，因此C的情况也有可能发生。

如上所述，在尝试进行实际的数字分析之前，要思考一下数据有可能变成怎样的状态。

理由有两个。一是可以自由地发挥想象。一旦直接进行数据统计并转化为图表，思考的起点就会变成为统计结果或图表的状态寻找意义。大家要在头脑被统计结果或图表支配前抓住能够自由想象的时机，思考有怎样的可能性。

二是这有助于以更高的敏感度对分析后呈现的信息进行解释。如果在事前进行了思考，就会自然想知道结果如何。如果得出的结果与预想一致，就会留下"与预想一致"的印象；如果与预想的不同，就能得到一个契机去深入思考为什么会出现差异。建议大家要避免不作思考就直接进行数据分析，在事前要进行哪怕是一点点的思考。因为不管跟预想一致还是有差异，都会得到一些启发。

关键点1. 是否朝右方上扬

关键点2. 是否朝右方下降

关键点3. 是否无关联

思考的重点是，确认准备分析的数字的关联性是否存在以上这三种可能。

关于上述的三种可能，首先要判断的是有关联还是无关联。其次，如果是有关联的话，就要把握大致趋势，看看是随着一方增加另一方也会增加（朝右方上扬），还是一方增加后另一方会减少（朝右方下降）。我们以刚才的例子来分析。

1. 是否朝右方上扬

朝右方上扬的趋势意味着随着职员人数增加，销售额也会增加。职员人数增加以后，接待顾客的人手增加了，有可能促进销售额增长。

2. 是否朝右方下降

朝右方下降的趋势意味着职员人数增加后，销售额反而减少了。虽然也会存在店铺狭窄、工作效率低等可能性，但这种情况很少发生。

3. 是否无关联

除了人数以外，还可能存在对销售额会造成影响的其他要素，所以数据零散分布的状态也有可能出现。

因此，在看见数据以前，就可以预想可能存在第1或第3种状态，第2种状态的可能性较低。

严格来说，有时候形成不了朝右方上扬、朝右方下降这样直线型的关系。而且，即使是朝右方上扬，上扬的形式也是多种多样的。

在看数据前进行预想，只要大致预想属于上述三种情况中的一种就可以了。如果还能预想其他的情况，也没有问题。请大家记住，要先有预想，再进行数据分析。

请思考一下店长的经验年资与销售额之间可能存在怎样的关联性？

A：朝右方上扬 的趋势

B：朝右方下降 的趋势

C：分布零散

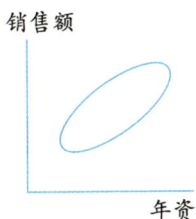

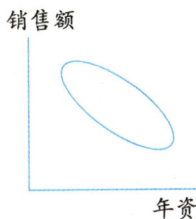

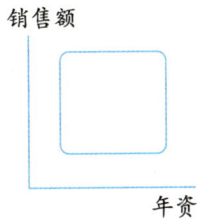

解 答

A的状态是，店长的经验越多销售额越高。这里的前提是，在该行业里，店长的能力能左右销售额，经验越多越能积累知识技巧。这种情况是有可能存在的。

B的状态是，店长的经验越多销售额反而越低。如果店长的工作方式不妥，或许会存在这种情况。

C的状态是，基本看不出店长的经验与销售额之间的关联性。比起店长的经验年资，如果其他因素更有可能对销售额产生影响，如店铺的位置、商品本身等，也许会呈现C的状态。

现在，我们再想想其他的可能性。刚才A的前提是店长所在的行业是经验技巧能起到很大作用的行业，如果我们把前提设定为工作中能够积累的经验技巧有限，情况会变成怎样呢？

我们假设有一份工作，在第1年至第2年会积累一定的经验技巧，但工作3年以后，工作内容与前几年大致相同，这份工作即使做到第4年、第5年，也不会再积累更多的经验技巧了。这样的话，有可能变成以下的状态。

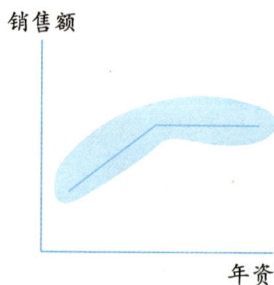

销售额

年资

接下来，我们再试想另一种情况。请思考一下店铺与车站的距离跟销售额之间的关联性。

| A：朝右方上扬的趋势 | B：朝右方下降的趋势 | C：分布零散 |

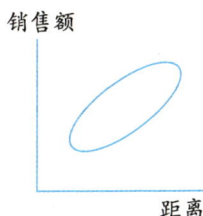

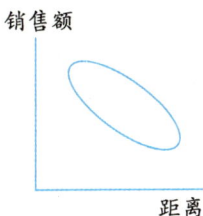

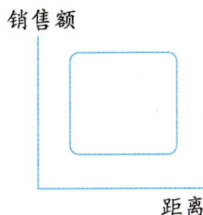

A的状态是，距离车站越远销售额越高。一般来说，远离车站则便利性下降，顾客人数可能会减少，所以这种情况几乎不会发生。

B的状态是，距离车站越远销售额越低。与A的状态相反，便利性降低的话，这种状态是有可能出现的。

C的状态是，基本看不出店铺与车站的距离跟销售额之间的关联性。如果店铺的专业性很高，或者商品、服务等能迎合人们特别的喜好，那么不管与车站距离多远，都会有顾客来购买商品或享用服务，因此店铺与车站的距离可能跟销售额关系不大。

如果数据分析的结果如下图，那么可以如何解释呢？

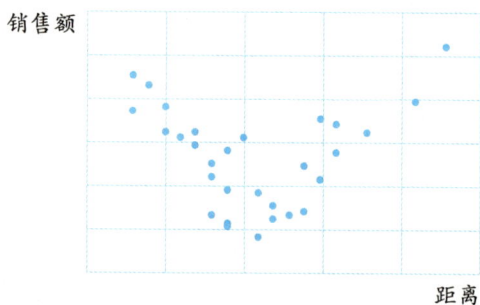

总体来说，也可以说是分布零散，所以可以解释为出现了上述C的情况。

另一方面，如果稍微细心地进行分组，也可以像下图这样进行解释。

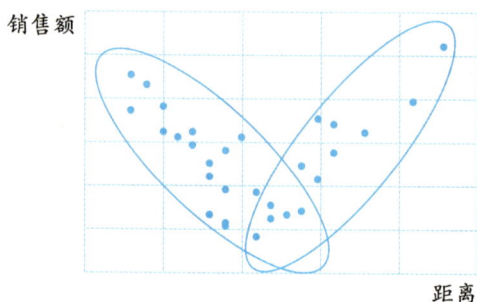

也就是说，是A和B组合起来的情况，可以解释为，距离车站越远销售额越低的情况，以及距离车站越远销售额越高

的情况，这两者混合起来了。前者是类似车站前的店铺，是吸引顾客在上下班、上下学的路上顺便到店的店铺；后者是路面的店铺，吸引的不是上下班、上下学的顾客，而是驾车到店的顾客。

如上述情况，原本的数据不一定会呈现完全相同的趋势，有可能包含了多家不同类型的店铺。大家要记住，除了基本状态的1、2、3以外，还要考虑其他的可能性，而且数据的种类不一定只有一种。

最后，我们总结一下数据的处理方法。很多时候我们会像下面的左图那样，要思考数据可以说明什么。这也是非常重要的做法，但如果不注意的话，可能会把解释数据变成了目的。

此外，如果数据较多，也会存在弊端，可能会被数据牵着鼻子走。有大量数据的时候，就没办法把所有事情都统筹考虑。大家要根据自身的目的决定选用对象，例如只看某些数据，不看其他数据。

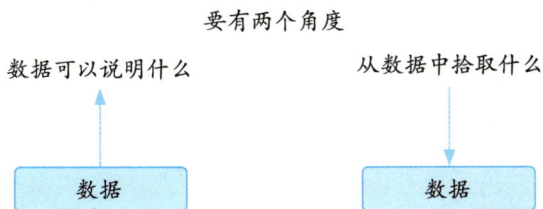

要有两个角度

数据可以说明什么　　　　　　　　从数据中拾取什么

↑　　　　　　　　　　　　　　↓

数据　　　　　　　　　　　数据

正如右图所示，要有目的性地去考虑看哪个数据、要从那个数据中读取什么信息。在这个过程中，先预想数字的关联性有哪些可能，再去看数字，就能够注意到数字实际呈现出来的事实。处理数据时，要同时意识到"数据可以说明什么"以及"从数据中可以拾取什么"这两个角度。

小结

✓ 在看数据之前，首先思考可能会是怎样的情况

✓ 在能够自由想象的时候，自由地思考，这很重要

✓ 猜中并不是目的，通过提前预想，从与现实的差距那里也可以得到启发

✓ 坦诚地接受呈现出来的结果也很重要

✓ 根据数据来联想以及带着想法去看数据，这两种相辅相成的方法很重要

第2章
看见什么？思考"现象"

· ·

　　问题明确以后，就可以开始思考如何解决问题了。但这个时候也不能太着急，重要的是充分把握现象，尽可能正确地辨别正在发生"什么"，有"什么"很可能会发生，再逐步去解决。把这个"什么"的精确度提升，后面的步骤就会更加轻松。要做到这一点，关键是"拆解"。本章将会学习为了提升现象的像素，如何进行"拆解"。

在开始分析前，多花一点工夫

如果眼前有食材，我们会想马上开始烹饪。然而，在开始烹饪前的备料程序也是让菜肴变得美味的重要工序。作为我们的分析对象，数据也是同样的道理。分析前只要多花一点工夫，我们就有可能发现重要的信息。那多花的一点工夫具体是指什么呢？

你的工作是销售额分析，需要根据所管理的5家店铺的上月与本月的销售额数据，查明正在发生的情况。那么，根据手中的数据，可以知道什么情况呢？

每家店铺的销售额

	上月	本月
A店	90	75
B店	50	45
C店	70	55
D店	40	35
E店	80	75
合计	330	285

（单位：万日元）

从数据得知，本月的销售额总额与上个月相比，从330万日元变为285万日元，下降45万日元。只凭这个表，难以看出每个店铺的销售额下降情况，所以你决定确认每家店铺的差额。

每家店铺的销售额和差额

	上月	本月	差额
A店	90	75	-15
B店	50	45	-5
C店	70	55	-15
D店	40	35	-5
E店	80	75	-5
合计	330	285	-45

（单位：万日元）

你发现，A店和C店的差额是15万日元，与其他店铺相比，下降额度较大。

另外，在同样的背景下，也有别的可能性，例如表1或表2的情况。

表1

	上月	本月	差额
A店	90	81	-9
B店	50	41	-9
C店	70	61	-9
D店	40	31	-9
E店	80	71	-9
合计	330	285	-45

（单位：万日元）

表2

	上月	本月	差额
A店	90	45	-45
B店	50	50	0
C店	70	70	0
D店	40	40	0
E店	80	80	0
合计	330	285	-45

（单位：万日元）

表1中，A店至E店的下降额度相同。表2中，只有特定的店铺（A店）有所下降。到底是所有店铺的问题，还是特定店铺的问题，根据问题的不同，下一步要探讨的方向会发生变化。多花一点工夫，计算差额，就能发现不同性质的问题。

下面，你准备对其他区域6家店铺的销售额也用同样的方法进行确认。计算差额之后发现，R、S、T店这3家店铺的差额比另外3家的差额大。那么是否可以依此结论继续向前分析呢？

	上月	本月	差额
R店	100	80	−20
S店	100	80	−20
T店	100	80	−20
X店	50	40	−10
Y店	50	40	−10
Z店	50	40	−10
合计	450	360	−90

（单位：万日元）

R、S、T店上个月的销售额都是100万日元，与X、Y、Z店的50万日元相比多了1倍，下降额度的绝对值看起来较大，是因为它们本来的销售额就很高。现在，我们计算一下本月对比上个月的销售额比率。

	上月	本月	差额	比率 （本月／上月）
R店	100	80	−20	0.8
S店	100	80	−20	0.8
T店	100	80	−20	0.8
X店	50	40	−10	0.8
Y店	50	40	−10	0.8
Z店	50	40	−10	0.8
合计	450	360	−90	0.8

（单位：万日元）

以比率来进行评价的话，每家店铺的销售额对比上个月的比率都是80%，与其说是R、S、T店的问题，不如说是所有店铺都出现了销售额下滑。所以是所有店铺都存在问题，可以解释为可能有某种原因对所有店铺都造成了影响。

关键点1. 计算差值

关键点2. 计算比率

1. 计算差值

基本上，第一手数据多表现为个体数值与合计值。我们不能只看数值就进行判断、分析，要尝试计算出每个数值项的差值。

2. 计算比率

算出差值后，为了确认这个差值是否可以视作真正的差距，要同时确认变化的比率。即使知道绝对值存在差异，但如果不去确认差值相对于原数值是何种程度的变化，就有可能作出错误的解释。

通过计算差值和比率，就能区分是发生了同样的变化，还是变化情况各不相同，或者是只有特定的地方发生了较大的变化。

如果是发生了同样的变化，就以整体趋势相同为前提继续进行分析，又或者可以追加信息进行分析，以便找到现象的特征。如果变化情况各不相同，就去调查一下增加的地方和减少的地方存在怎样的不同点，或者把增加的地方和减少的地方区分开来，分别进行进一步的分析。如果发现只有特定的地方发生了较大的变化，就可以以此为中心进行分析。

应该从这些角度来看

是否一律相同

多做一步
计算差值、计算比率

是否各不相同

是否在特定的地方存在较大差异

你确认了某个区域的店铺数据，并计算了差值和比率，发现G、J、M店比其他店铺的变化更大，看起来可能存在问题。现在除了计算差值、比率以外，如果再多花一点工夫的话，还可以做什么呢？

	上月	本月	差额	比率（本月／上月）
F店	90	85	−5	0.94
G店	50	35	−15	0.70
H店	40	35	−5	0.88
I店	80	75	−5	0.94
J店	60	45	−15	0.75
K店	30	25	−5	0.83
L店	90	85	−5	0.94
M店	60	45	−15	0.75
N店	40	35	−5	0.88
合计	540	465	−75	0.86

（单位：万日元）

解　答

我们尝试一下重新排序。例如，以上月销售额大小的排名来重新排序，可以看到G、J、M店这3家店铺的销售额排在中间位置。

	上月	本月	差额	比率 （本月／上月）
F店	90	85	−5	0.94
L店	90	85	−5	0.94
I店	80	75	−5	0.94
J店	60	45	−15	0.75
M店	60	45	−15	0.75
G店	50	35	−15	0.70
H店	40	35	−5	0.88
N店	40	35	−5	0.88
K店	30	25	−5	0.83
合计	540	465	−75	0.86

（单位：万日元）

有时候通过重新排序这样简单的方法，也可以发现信息。

另外，通过转化为图表，可以得到同样的启发。

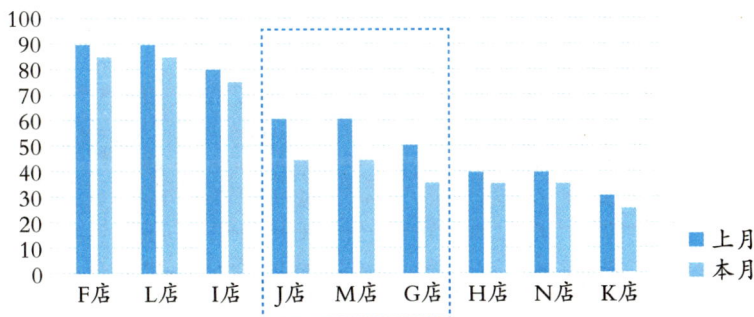

除了刚才作为关键点介绍的"计算差值"和"计算比率"以外，同样是只需要花一点工夫的方法还有以下这些。

· 重新排序
· 图表化

接下来，为了确认一下我们学习前面那些内容的意义，请尝试用10秒钟判断以下的数据可以说明什么。

	上月	本月
A店	83	87
B店	77	69
C店	87	85
D店	80	78
E店	73	81
合计	400	400

你判断出来了吗？这些数据与前面看到的那些容易计算的数字不同，精确到个位数，仅看一眼恐怕难以明白其中的内容。那么，我们多花一点工夫，试试计算差值。

	上月	本月
A店	83	87
B店	77	69
C店	87	85
D店	80	78
E店	73	81
合计	400	400

	上月	本月	差值
A店	83	87	4
B店	77	69	−8
C店	87	85	−2
D店	80	78	−2
E店	73	81	8
合计	400	400	0

计算差值以后，我们就可以把注意力集中在差值而不是每个具体的数值上，这样会更容易理解。另外，在这个例子中合计值看起来没有太大差异，但通过计算差值，就知道了存在销售额上涨和销售额下滑这两种情况的店铺。

	上月	本月
A店	92	96
B店	84	88
C店	87	86
D店	89	91
E店	80	76
F店	76	85
G店	79	92
H店	93	87
I店	99	77
J店	94	93
K店	72	97
L店	78	72
M店	93	97
N店	78	94
O店	92	71
P店	77	75
Q店	80	73
R店	79	91
S店	93	73
T店	98	92
U店	77	95
V店	84	99
W店	92	89
X店	80	76
Y店	97	99
Z店	87	86
合计	2230	2250

	上月	本月	差额	比率
K店	72	97	25	135%
U店	77	95	18	123%
N店	78	94	16	121%
V店	84	99	15	118%
G店	79	92	13	116%
R店	79	91	12	115%
F店	76	85	9	112%
B店	84	88	4	105%
A店	92	96	4	104%
M店	93	97	4	104%
D店	89	91	2	102%
Y店	97	99	2	102%
C店	87	86	−1	99%
J店	94	93	−1	99%
Z店	87	86	−1	99%
P店	77	75	−2	97%
W店	92	89	−3	97%
E店	80	76	−4	95%
X店	80	76	−4	95%
H店	93	87	−6	94%
T店	98	92	−6	94%
L店	78	72	−6	92%
Q店	80	73	−7	91%
I店	99	77	−22	78%
S店	93	73	−20	78%
O店	92	71	−21	77%
合计	2230	2250	20	101%

当数据变多时，这个方法更有效。请看上页的左表，大家应该马上就能明白。只看一眼的话，除了合计值以外，几乎获取不到任何信息。

那么，我们试试花点工夫计算差值和比率，并且重新排序。

多花一点工夫就能知道，本月销售额是上月的120%及以上的有K、U、N店，本月销售额只有上月的70%～80%的有I、S、O店。

对获取的数据进行正式的分析之前，要先做好"准备材料"的工作，例如计算差值、比率，重新排序等，这样可以获得各种各样的信息，为正式的分析做好准备。

STEP UP!

我们来看看，如果要进行数据分析，事前应该思考什么。

● 思考应该以什么作为真正的对象

在第5讲里面，我们是以"销售额"作为分析的对象。因为这是企业活动所提供的价值的等价报酬，所以这是重要的要素。其次，可以考虑的对象是"利润"，如果不能获取利润，就难以维持企业运营，所以这也是重要的要素。

除此以外，还有顾客满意度、运转率等，根据不同的工作内容，应该给予关注的对象也不同。大家首先要充分考虑什么数据更适合作为分析对象，在此基础上再进行分析。

● 决定哪些数据可以不看

对获取的所有数据都进行分析不一定是上策。例如，即使手上有全国的数据，但如果已经知道问题很可能出现在关东地区，那么首先就要集中精力对关东的数据进行分析。

要有根据地决定不看哪些数据，如果意识不到这点，那么当获取的数据越来越多时就会变得难以处理了。同时，也要有意识地缩小范围。

● 要把数据变成有实在感觉的数字

把数据转化为单人、单日等单位平均的数字，也是其中一种方法。转化为单位平均的数字，能够让人更容易地想象具体的程度，也方便比较。

小结

✓ 在开始分析前还有许多事能做

✓ 尝试计算差值和比例、重新排序、转化为图表

✓ 以什么作为对象也是重要的思考内容

✓ 要有意识地决定不看哪些数据

✓ 尝试转化为单位平均的数字

第6讲

以加法模型进行拆解

所谓分析，基本要做的是划分、拆解。那么，应该怎样进行拆解呢？关键的是"切入点"和"拆解方法"。刀刃以什么角度切入，这就是"切入点"；切开的截面如何划分，这就是"拆解方法"。那么应该怎么切入、怎么拆解呢？

昨天的销售额是18万日元，今天的销售额是12万日元，今天与昨天相比下降了6万日元。为了查明下降6万日元的原因，现准备将销售额进行拆解。

按商品分	昨天（万日元）	今天（万日元）	差额（万日元）
X	3	3	0
Y	6	6	0
Z	9	3	−6

按负责人分	昨天（万日元）	今天（万日元）	差额（万日元）
A	6	4	−2
B	6	4	−2
C	6	4	−2

目前来看可以按照商品和负责人进行拆解，所以按照不同商品、不同负责人对昨天和今天的销售额进行了比较。

昨天的销售额 （万日元）	金额 （万日元）	商品	负责人
18	1	X	A
	2	Y	B
	2	Y	C
	3	Z	A
	1	X	B
	1	X	C
	2	Y	A
	3	Z	B
	3	Z	C

今天的销售额 （万日元）	金额 （万日元）	商品	负责人
12	1	X	A
	2	Y	A
	2	Y	C
	1	X	A
	3	Z	B
	1	X	B
	2	Y	C

　　从不同商品的情况来看，商品Z的销售额下降了6万日元；从不同负责人来看，大家的销售额都下降了2万日元。因此，整体下降6万日元的原因似乎是商品Z不好卖。接下来要确认"为什么商品Z不好卖"。

　　如上述的情况，通过拆解数据，正在发生的情况就能显现出来。即使知道销售额下降了6万日元，但从这个结果来思考原因的话，有各种可能性，无法集中到一个方向去思考。

　　可以从力所能及的范围入手，首先拆解现象、补充更多细节，让正在发生的情况看起来更清晰。在此基础上，进一步思考为什么发生了这些情况。

关键点1. 找一个很可能有意义的切入点来进行拆解
关键点2. 思考是否需要以其他的切入点来进行拆解

1. 找一个很可能有意义的切入点来进行拆解

尝试找一个拆解以后可能比较有意义的切入点，拆解获取的数据。

在本次的例子中，可以按照商品类别以及负责人来进行拆解。因为各种商品的情况可能会有差异，所以按照商品来拆解有观察的价值。另外，因为不同负责人之间可能会存在差异，所以按照负责人来拆解也有观察的价值。

2. 思考是否需要以其他的切入点来进行拆解

本次我们按照商品类别和负责人进行了拆解，但我们也要再想想有没有其他可能具有拆解价值的切入点。例如，或许可以按照时间段来拆解。

获取数据以后，在力所能及的范围内着手进行分析固然是必要的。但另一方面，我们所获取的数据有可能只是碰巧呈现出那个状态。为了不被偶然出现的现象牵着鼻子走，我们要经常思考有没有其他需要考虑的角度，如果有的话，就要去收集更多的数据，并进行拆解。

练习题

　　如果最初得到的数据如下表所示，那么应该如何分析呢？

昨天的销售额（万日元）	金额（万日元）	商品	负责人	时间	气温
18	1	X	A	10:10	21℃
	2	Y	B	11:14	23℃
	2	Y	C	11:35	24℃
	3	Z	A	13:51	24℃
	1	X	B	14:23	23℃
	1	X	C	15:07	22℃
	2	Y	A	15:42	23℃
	3	Z	B	16:20	22℃
	3	Z	C	17:33	23℃

今天的销售额（万日元）	金额（万日元）	商品	负责人	时间	气温
12	1	X	A	11:01	16℃
	2	Y	A	11:34	18℃
	2	Y	C	13:02	17℃
	1	X	A	14:15	20℃
	3	Z	B	15:52	20℃
	1	X	B	16:00	18℃
	2	Y	C	17:31	17℃

　　前面我们已经按照商品和负责人进行了拆解，下面我们考虑一下按时间段和气温来划分。

　　首先，时间段是可以用于探讨的切入点。然而，它跟商品、负责人的切入点不同，需要加以留意。按商品、负责人进行拆解的话，拆解的单位是在选择切入点时就自动确定的。分商品看的话就是划分为商品X、Y、Z，分负责人看的话就是划分为负责人A、B、C，这在选择切入点时就自动确定下来了。

　　而按照时间段来拆解的话，情况就有所不同了。如果调取收银机的记录，估计会如上表那样，有详细到小时和分钟的信息，不过一开始就把单位细分到分钟来进行拆解，应该没有太大的意义。

　　因此，可以考虑按照10点后、11点后、12点后这样以1小时为单位进行划分；或者像10～12点、12～14点、14～16点、16～18点这样稍微把间距拉开，以2小时为单位进行划分；又或者大致分为10～14点，14～18点这两个时段等。

　　换言之，要考虑应该以怎样的宽幅进行拆解。大家要记住，有些切入点必须详细考虑划分单位。

　　接下来是气温。关于是否采用这个切入点的决定，会根据所售卖商品的不同而发生变化。要思考气温对商品的销售情况是否会产生影响，再判断是否以其为切入点进行拆解。

像本次的例子，数据拆解的切入点只有4个左右，那么考虑到按气温拆解可能会让数据显现一些端倪，所以也可以尝试。

但是，如果切入点增加到10个、20个的话，自然就没办法用所有的切入点进行拆解了。大家要有意识地从拆解后是否有意义的角度，对拆解的切入点进行取舍。

还有年龄、性别等也可以作为切入点的备选项来考虑。但是，这些切入点与刚才的商品、负责人、时间段这些切入点有一些不同的意义。年龄、性别与商品、负责人、时间段这些切入点有什么不同呢？

不同点在于，前者是顾客的信息，后者是卖方的信息。也就是说，以后者作为切入点的话，估计根据收银机保存的信息就可以进行拆解了。但年龄、性别是顾客的信息，如果对购买者的情况没有实时记录，就无法用这些信息进行拆解。

拆解很重要，但大家要知道，有些情况需要主动去获取用于拆解的信息。

最后，还有一点很重要，"拆解观察"与"结果可以发现什么"是不同的事情。人们总是忍不住去思考以怎样的切入点进行拆解更好，但最终能否得到结果，不拆解的话是不知道的。

因此，不要想着去选择一个能够看到结果的"正确"的切入点，而要思考多个可能会看到结果的切入点，实际去进行拆解。

STEP UP！

你的目标是通过某所大学的入学考试，现在正苦恼于选择预备学校。经过调查，得知以下信息。那么，你会选择哪所预备学校呢？

	理科			文科		
	考生人数	合格人数	合格率	考生人数	合格人数	合格率
预备学校A	160	48	30%	40	24	60%
预备学校B	20	4	20%	80	40	50%

首先，比较一下理科的合格率。预备学校A理科的合格率是30%，预备学校B理科的合格率是20%。理科方面，预备学校A的合格率比较高。

其次，比较一下文科的合格率。预备学校A文科的合格率是60%，预备学校B文科的合格率是50%。文科方面，也是预备学校A的合格率更高。

我们知道，预备学校A在理科、文科方面的合格率都更高。

那么，我们把理科、文科合起来计算一下合格率。

预备学校A的考生人数是

理科160人 ＋ 文科40人 ＝ 200人

合格人数是

理科48人 ＋ 文科24人 ＝ 72人

所以整体的合格率是

72人 ÷ 200人 ＝ 36%

预备学校B的考生人数是

理科20人 ＋ 文科80人 ＝ 100人

合格人数是

理科4人 ＋ 文科40人 ＝ 44人

所以整体的合格率是

44人 ÷ 100人 ＝ 44%

	整体		
	考生人数	合格人数	合格率
预备学校A	200	72	36%
预备学校B	100	44	44%

虽然预备学校A理科、文科的合格率都更高，但预备学校B整体的合格率却更高。

请再看看以下的情况。

	考生人数	合格人数	合格率
预备学校C	100	40	40%
预备学校D	100	50	50%

	男生			女生		
	考生人数	合格人数	合格率	考生人数	合格人数	合格率
预备学校C	80	24	30%	20	16	80%
预备学校D	20	2	10%	80	48	60%

预备学校C与预备学校D，从整体的合格率来看，预备学校C是40%，预备学校D是50%，预备学校D的合格率更高。

另一方面，我们分性别来看看。预备学校C的男考生人数是80人，男生合格人数是24人，所以男生的合格率是 $24 \div 80 = 30\%$。

预备学校C的女考生人数是20人，女生合格人数是16人，所以女生的合格率是 $16 \div 20 = 80\%$。

预备学校C整体的考生人数是男生80人＋女生20人＝100人。

整体的合格人数是男生24人＋女生16人＝40人。

要记得确认一下这与整体情况的数字是否相同。

同样，预备学校D的情况也区分性别看看。

预备学校D的男考生人数是20人，男生合格人数是2人。所以男生的合格率是2 ÷ 20 = 10%。

预备学校D的女考生人数是80人，女生合格人数是48人。所以女生的合格率是48 ÷ 80 = 60%。

预备学校D的整体考生人数是男生20人 + 女生80人 = 100人。整体的合格人数是男生2人 + 女生48人 = 50人。

要记得确认一下这与整体情况的数字是否相同。

分性别来看的话：

预备学校C男生的合格率是30%，女生合格率是80%；

预备学校D男生的合格率是10%，女生合格率是60%。

不管是男生还是女生的合格率，都是预备学校C的合格率更高。

这是"辛普森悖论"的现象，关注整体与关注部分会得出不一样的结果。

因此，虽然说拆解是基本做法，但要记得用加法来确认与整体情况是否相符；或者同时把握好整体的趋势以及部分的趋势，确认两者之间是否存在差异。

小结

✓ 尝试寻找多个可能有意义的切入点来进行拆解

✓ 目的是用可能性来进行评价，不是为了找到最好的切入点

✓ 有些情况需要思考在哪里进行拆解

✓ 为了进行拆解，有些信息需要主动去获取

✓ 记住通过加法确认与整体情况是否相符以及观察整体的情况

第7讲 以乘法模型进行拆解

如果会使用乘法模型进行拆解，就能引入"比率"的思路，可以进一步丰富解释的内涵，但同时也要充分地理解"比率"的注意点。为了与加法模型配合使用，应该怎样进行拆解？注意点有什么呢？

你是快餐店的店长助理，因为抓住了外卖需求的机会，今年的销售额同比实现了5%的小幅增长。

	去年	今年	增长
销售额	1000万日元	1050万日元	5%

为了确认5%增长的明细，你把销售额按照顾客单次消费额和顾客数进行了拆解，了解到以下的情况。

	去年	今年	增长
销售额	1000万日元	1050万日元	5%

	去年	今年	增长
单次消费额	500日元	700日元	40%
顾客数	20 000人	15 000人	−25%

由此知道，单次消费额从500日元变化为700日元，转化为比率的话相当于变成了1.4倍。另一方面，顾客人数从20 000人变为15 000人，减少5000人，转化为比率的话，今年人数是去年的75%。

所以今年比去年增长5%的明细就是

1.05 ＝ 1.4（单次消费额）× 0.75（顾客数）

增长率5%的整体变化明细通过乘法计算就明确表示出来了。

关键点1. 确认整体情况

关键点2. 除以数量（或者单价）

1. 确认整体情况

首先把握合计值。在刚才的例子中，相当于是销售额。

2. 除以数量（或者单价）

除以数量或者单价，就能计算出剩余的要素。一般来说，数量比较容易把握，所以很多时候会用销售额除以数量算出单价。

你是在咨询公司工作的年轻分析师，你的下一个任务是某个航空公司的项目。首先，你为了理解概况，计划对销售额进行分析。结果发现，今年与去年相比，销售额增长了5%。

请思考一下，5%的增长率是在哪里产生的？如何通过乘法模型进行拆解？

	去年	今年	增长
旅客销售额	1兆2900亿日元	1兆3500亿日元	5%

解　答

计算出搭乘顾客数，用销售额除以搭乘顾客数求出单次消费额并进行比较，这也是其中一种做法。但是有一点需要注意，因为是航空公司，所以最好是先大致分为国内航线和国际航线，再以顾客数和单次消费额为切入点进行拆解。

这是因为，国内航线与国际航线的搭乘顾客数是不一样的，更重要的是两者的单次消费额应该会存在较大的差异。

按照顾客人数和单价来分析是非常简明易懂的思路，但如果存在性质相差较大的服务，首先要用加法模型按照不同的服务进行拆解，然后再拆解为单价和数量。

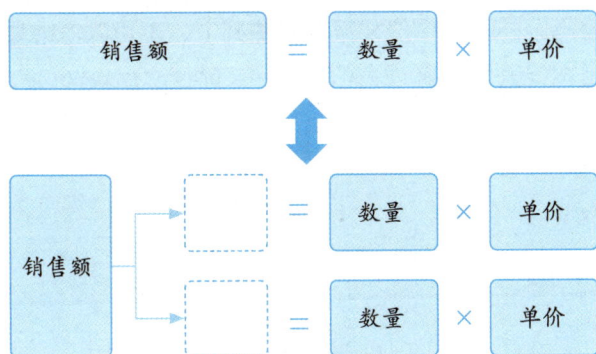

实际进行计算以后，得出了以下的结果。

		去年	今年	增长
旅客销售额		1兆2900亿日元	1兆3500亿日元	5%

		去年	今年	增长
国内航线	销售额	6900亿日元	7000亿日元	1%
	顾客数	4400万人	4400万人	0%
	单次消费额	15 700日元	15 900日元	1%
国际航线	销售额	6000亿日元	6500亿日元	8%
	顾客数	970万人	1000万人	3%
	单次消费额	62 000日元	65 000日元	5%

国内航线和国际航线比较的话，国际航线增长了8%，国内航线只增长了1%，几乎没有增长。而且国际航线的顾客数

和单次消费额分别增长3%和5%，可以推测是这些因素使整体的销售额增长了5%。

单纯看总销售额增长5%的数据无法得知的情况，通过乘法模型的方法进行简单的拆解后就显现出来了。

除此以外，在单价×数量的基础上，还可以考虑增加频率。单价×数量是购买1次的单位，再乘以频率的话，就能体现出整体的情况。

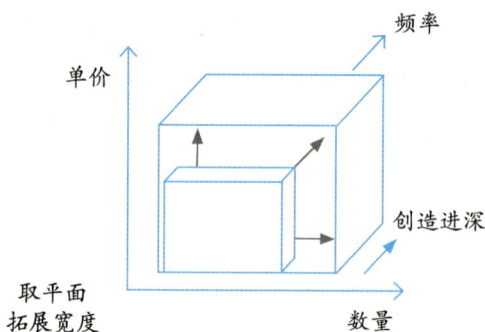

对单次的交易，要"取平面"或者"拓展宽度"，在此基础上增加频率的话，就是"创造进深"。当涉及一些有重复交易的产品时，可以把频率也考虑进去。

单价×数量是非常简单的公式，但可以为我们带来各种各样的启发。我们从单价×数量的角度出发，尝试以大学、酒店、快餐为例子稍作思考。

首先是大学。这里有"单价"固定的服务，入学的杂费、学费基本是固定的。另外，这些基本上是一生只会消费一次的产品，所以这门生意基本上没有"回头客"这个概念。

因此，增加销售额的重点就是源源不断地增加新顾客。

接着是酒店。这个则相反，其顾客人数的上限是固定的。

因此，想要增加销售额，单价提升是一方面，关键是如何能够提高"运转率"，因为即使是空房间，也是需要有成本的。

与以上两者相比，快餐在单价与顾客人数方面没有特别的制约，而且回头客对于快餐来说也非常重要。所以快餐就需要以刚刚提到的三维的思路来拆解。

如上所述，虽然是简单的拆解方法，但只要对单价和数量进行思考，也可以得到启发，知道是具有什么特性的业务。可以在实际进行拆解后，再加上定性的意义一起考虑。

STEP UP!

最后，为大家介绍一下除了单价×数量以外的乘法模型的拆解方法。

● **对比整体的比率**

这个思路用于展现整体与部分的比例，占有率等就是比较有代表性的例子。又或者，计算不同商品的构成比例，可以确认在本企业内哪个商品的定位更重要。

● 在时间轴上的比率

这个思路可以用于观察某个时间点的数据以及其后另一个时间点的数据，知道增加多少或减少多少。增长率就是比较有代表性的例子。同时，如果再多追溯几年的增长率，就能知道其发展至今的历时变化。

除了全新开始的项目以外，其他项目肯定能找到过去发展的轨迹，所以这是在对所有事项进行拆解时都适用的视角。与前一年相比是增加还是减少、是否能够说明现状发生了变化、这个变化在未来会变成怎样（持续变化，还是不再持续）等，都是这个视角能带给我们的启发。

● 推导

最后是推导。例如，在分析录取人数时，要追溯到应聘人数、面试人数、内定者人数、招聘人数等上游的流程，从这个角度可以看到整体如何发展为目前的最终结果。

通过这个拆解方法，可以把握从最初的状态到最终的状态的变化过程，也可以把握是哪个区间的流程中存在的问题。

小结

- ✔ 单价×数量虽然是简单的拆解方法，但可以从这里得到各种启发
- ✔ 有时候需要先用加法模型进行拆解
- ✔ 要考虑一下定性的意义
- ✔ 比率或推导也是乘法模型的延伸
- ✔ 乘法模型的拆解方法用在有连续性问题的分析中可以更好地发挥效用

对未来的情况进行拆解

　　拆解并不只是对过去的结果实施的。对不知道会发展成怎样的未来进行预测时，重点还是进行拆解。基本的方法是，拆解、思考，然后进行累加。那么，应该怎样进行拆解，怎样进行累加呢？

　　今年的销售额是1200万日元，请预测明年的销售额。那么，应该怎样去思考呢？

　　首先，可以直观地猜想"大概是1800万日元"。不过，这样的话谁也无法信服。

　　那么，如果按照"明年的销售额 = 今年的销售额 ×（1 + 增长率）"的公式，用乘法模型来表示销售额，假设增长率是50%，预测为1800万日元的话，感觉怎么样呢？这可能与直观猜想的结果没有什么差异，但因为用了"明年的销售额 = 今年的销售额 ×（1 + 增长率）"的公式来表达，知道了推测的原理，人们会信服一些。

　　接下来，重要的就是用充分的依据去说明50%的增长是可能的。

我们尝试用已经学会的拆解方法来进行预测。

首先，用加法模型进行拆解。例如，把今年的销售额1200万日元按照商品进行拆解。假设1200万日元＝700万日元（商品A）＋500万日元（商品B）。

700万日元的商品A增长稳定，可以达到1000万日元；500万日元的商品B预期会有较大的增长，可以达到800万日元。最终，总体销售额预测可以达到1000万日元＋800万日元＝1800万日元。

	今年		明年
销售额	1200	→	1800
商品A	700	→	1000
商品B	500	→	800

（单位：万日元）

接着，用乘法模型进行拆解。假设1200万日元＝3万日元（单价）×400（顾客数）。

预测单价可以从3万日元提升到3.6万日元的水平，顾客数可以从400人增加到500人，那么3.6万日元×500＝1800万日元。

	今年		明年
销售额（万日元）	1200		1800
单价（万日元）	3	→	3.6
顾客数（人）	400	→	500

至此，我们尝试用4个方法对明年的销售额进行了预测。

1. 直观猜想
2. 考虑销售额对比今年的增长率
3. 按照商品拆解今年的销售额，思考每种商品的销售额会变成多少
4. 按照单价×顾客数的公式拆解今年的销售额，思考单价、顾客数分别会变成多少

	今年		明年
1：直观预测	1200		1800
2：设置增长率来预测	1200	增长率50%	1800
3：用加法模型分解后预测	1200	700 → 1000 + 500 → 800	1800
4：用乘法模型分解后预测	1200	3 → 3.6 × 400 → 500	1800

不管用哪一种方法，关于能增长多少，都需要有依据。但把销售额分商品或者分单价、数量来思考会比只看销售额总额更容易分析。

另外，不要看了销售额总额就直观地猜测，如果能够按照要素来进行累加，说服力就会增强。对未来的事情，也要尝试进行拆解，对拆解后的要素逐一进行预测。

现在　　　　　　　　　　　　　　　　　未来

以加法模型
拆解后预测

以乘法模型
拆解后预测

关键点1. 拆解对象

关键点2. 对拆解出来的要素逐一进行推测

1. 拆解对象

对需要分析的对象采取乘法模型或加法模型进行拆解。

2. 对拆解出来的要素逐一进行推测

对拆解出来的要素逐一预测它的值会变成多少，尽可能带着依据去推测。

练习题

我们尝试找一个话题来对未来进行预测，试想受热门动画《鬼灭之刃》的影响，学习剑道的人会增加多少。

解　答

1. 拆解对象

首先，对新学剑道的人进行如下拆解。

新学剑道的人 =（A）有可能开始学剑道的人 ×（B）其中新学剑道的人的比例

2. 对拆解出来的要素逐一进行推测

接着，对拆解出来的要素逐一进行推测。我们先从（A）开始考虑。

这可以用公式"总人口×有可能开始学剑道的人的比例"来考虑。总人口约为1亿2000万人，我们设想一下其中哪个年龄层的人可能会开始学剑道。剑道这门竞技，在开始学习前首先要在防护用具上有投入；此外，能够让成人轻松开始学习的环境并不多，所以社团活动人员或在道场中学习的中小学生可以成为备选项。

中小学生的年龄是6岁至15岁，为了简易计算，我们假设总人口的年龄上限为80岁，各年龄段的人口比率均等，那么6岁至15岁的人口比率约为总人口的1/8。所以可能开始学习剑道的人数计算如下：

$$1亿2000万人 \times 1/8 = 1500万人$$

接着看看（B）的情况。在中小学生里面，几人之中会有1人真的开始学习剑道呢？也就是想象一下是100人里面有1人还是1000人里面有1人等。这一步我们无法取得明确的依据，但可以尝试更具体地思考，这样可以使想象的内容变得更加丰满。例如，具体想象小学的规模，假设每个年级有3个班，每个班有30人左右……

如果是100人里面有1人，即相当于1个年级里面有1人会新学剑道。如果说每个年级有1人显得太多，那么也可以设想为每个学校有1人学习，这样就变成600人里有1人学习的比例。当然，小学的规模各不相同，不能一概而论。但是设想为100人中的1人，还是1000人中的1人，不能随意决定，要形成习惯去进行具体的想象。例如，100人中的1人是属于哪种程度的比例。现在我们折中一下，假设3个年级里面有1人，即300人里面有1人会新学剑道。

这样，必要的信息就可以计算出来了。根据最初进行拆解的公式，可以推测：

新学剑道的人 ＝（A）1500万人 ×（B）（每300人里有1人）＝ 5万人

STEP UP!

虽然已经计算出新学剑道的人数约为5万人，但比起这个数字，更重要的是前提，在计算之前要先把握好前提。

首先，我们把可能开始学习剑道的人设定为占总人口1/8的中小学生，将其作为统计总体。但严格来说，应该要从这个数字中减去已经在学习剑道的人数。

反过来说，如果要把1500万人大致作为统计总体，那么前提就是目前已经在学习剑道的人数相对于1500万的人数来说并不多。

其次，我们假设其中新学剑道的人数比例是300人中有1人，但如果小学的低年级、高年级，以及中学生学习剑道的人数比例不同的话，就要用如下方法细致地进行计算。

新学剑道的人

＝A1（可能开始学习剑道的小学低年级学生）×B1（其中开始学习剑道的人员比例）＋A2（可能开始学习剑道的小学高年级学生）×B2（其中开始学习剑道的人员比例）＋A3（可能开始学习剑道的中学生）×B3（其中开始学习剑道的人员比例）

最后需要考虑的是与《鬼灭之刃》的因果关系。我们设想的是300人里面有1人会开始学习剑道，但可能某些人本来就想学习剑道，只是碰巧在这个时期开始学习的。

要确定因果关系本来就很困难，但大家可以先理解会存在其他因素的影响。

关于计算出5万人这个数字的逻辑以及逻辑的前提，重要的是理解以下3点：

1. 统计总体里面包含了已在学习剑道的人员
2. 目前是把开始学习剑道的人员比例设定为统一的比例

3. 还没把握到与《鬼灭之刃》之间明确的因果关系

实际上，根据日本剑道联盟的主页信息，2021年3月底时有剑道段位的登记人数约为197万。这197万尽管包含了过去曾经学习剑道但目前基本上没有在练的人员，但在这个基础上作加法的话，新学剑道的人为5万人这个结果可能也不算有太大偏差。

在估算大致规模的时候，一般来说估算值是实际值的10倍或者1/10，也就是"0"偏差1个数位以内，都可以算作可允许的范围。

另外，根据同一个主页的事业报告内容，最近的初段合格者人数变化如下表所示。

	初段合格者人数（人）
2020年	22 641
2019年	25 025
2018年	32 013

遗憾的是近年出现了下降趋势。初段的受审资格从中学开始，那么受《鬼灭之刃》的影响开始学习剑道的小学生接受初段审核的时间是5年至6年以后，如果初段人数在那个时间点出现上升的趋势，那么就能稍微说明这个因果关系了。

要准确地预测未来是很困难的，但如果用凭空想象的数字进行分析，既没有依据，也无法让人理解。把想知道的信息化作公式，在可能的范围内对每一个要素进行累加，这样才能找到一些线索。

我们会在某个时间点知道结果，届时要充分回顾确认自己的思路中哪一部分是对的，哪一部分是错的；前提的哪些内容符合事实，哪些内容不对。通过这样的反复确认，我们对未来的情况进行拆解和预测的精确度就会逐渐提高。

请大家尝试观察身边正在发生的事情，以自己关心的主题作为出发点，对未来的情况进行拆解和预测。

小结

- ✔ 在可能的范围进行拆解，化作计算公式
- ✔ 记住对每一个要素进行预测并累加
- ✔ 相比计算结果的数字，展示出假设的逻辑与前提更为重要
- ✔ 留意不要搞错数位
- ✔ 确认结果、进行回顾，反复这样做将会增强自己的能力

第3章
为什么会变成那样？思考"理由"

· ·

　　当我们知道了正在发生什么情况、有可能会发生什么情况以后，就要开始思考"为什么"，即理由了。解决问题的过程可以说就是为了明确"为什么"。然而，要明确"为什么"实际上很有难度。究其原因，就是谁都不知道真正的情况。但是可以通过提高推测的准确性来解决，从"大约觉得是这个原因"的状态转变为"估计这样比较符合事实"的状态。本章将会学习把"为什么"的精确度提高的方法。

放心进入下一步

第9讲

人们经常说解决问题要明确正在发生的情况，思考其原因。那么，应该在什么时间点思考原因呢？反过来说，什么时候可以结束"明确正在发生的情况"这一步呢？如何才能放心进入下一步？

本月的销售额与上个月相比下降了100万日元。为了查明原因，我们对每家店铺的情况进行了比较，结果如下表所示。A店的下滑情况最严重，与上个月相比差额是50万日元。那么是否可以认定A店存在问题，进一步思考其原因呢？

	上月	本月	差额
销售额	1000	900	−100
A店	300	250	−50
B店	300	275	−25
C店	400	375	−25

（单位：万日元）

确实，在3家店铺中，A店销售额减少的金额最大。如果要聚焦对某一家店铺进行调查的话，那么以A店为中心来考虑是其中一种方法。

但是，整体的销售额减少了100万日元，A店减少的是50万日元，虽然A店也造成了一些影响，但只凭A店减少的金额似乎并不能说明整体销售额下降金额的全部情况。

于是，我们进一步按照商品进行分解，结果如下。分商品来看，发现商品X的销售额在所有店铺都有所降低。商品X在上个月的销售额是450万日元，本月是375万日元，下降了75万日元。虽然并不是整体下降的100万日元的全数，但也能在某种程度上说明问题。

销售额	上月			本月		
	商品X	商品Y	合计	商品X	商品Y	合计
A店	100	200	300	75	175	250
B店	150	150	300	125	150	275
C店	200	200	400	175	200	375
	↓	↓	↓	↓	↓	↓
	450	550	1000	375	525	900

（单位：万日元）

进一步详细调查发现，A店的店长刚刚更替，店长与店员还没建立起稳固的关系，店铺的体制未能确立。另外，商品X方面，有类似的竞争产品被投入市场，受此影响，商品X的销售势头走弱。也就是说，同时发生了两个问题。

正如上述例子，发生的问题不一定只有一个，也有可能同时发生多个问题。在这种情况下，即使通过分解了解到了一个有特征的现象，也无法只凭这个特征对正在发生的全部情况进行说明。如果有些情况无法说明，就要继续进一步分解，确认是否有其他具备特征的现象。

什么时候可以停止分解，可以看看分解的结果能否说明清楚显现出来的所有情况，以此进行判断。

关键点1. 把握根本的问题

关键点2. 确认一下如果把显现出来的特征（漏洞）覆盖上，可以恢复到什么程度

1. 把握根本的问题

重要的是充分把握作为出发点的问题现象是什么。

以本次的例子来说，就是本月的销售额比上个月下降了100万日元。

2. 确认一下如果把显现出来的特征（漏洞）覆盖上，可以恢复到什么程度

根据分解的结果，确认一下如果原来显现的特征（漏洞）不存在，根本的问题会恢复到什么程度。

在本次的例子中，按店铺进行分解后显现的特征是，A店的销售额下滑。A店销售额下降的金额是50万日元，所以即使A店的销售额没有下滑，整体仍然存在100万日元－50万日元＝50万日元的差距。只能说明A店对整体下降的100万日元有一定的影响，还要寻找其他的特征（漏洞）。

接着，我们按照商品进行了分解，结果发现商品X的销售额有所下滑。假设没有"A店的下滑"和"商品X的下滑"，这两者的水平与上个月相当，结果刚好填平了100万日元的差额。这样就可以说明整体情况了。

	本月		
	商品X	商品Y	合计
A店	75	175	250
B店	125	150	275
C店	175	200	375
合计	375	525	900

	（如果A店、商品X与上月同等水平）		
	商品X	商品Y	合计
A店	75→100	175→200	250→300
B店	125→150	150	300
C店	175→200	200	400
合计	375→450	525→550	900→1000

	上月		
	商品X	商品Y	合计
A店	100	200	300
B店	150	150	300
C店	200	200	400
合计	450	550	1000

（单位：万日元）

A、B、C三个小组朝着销售额增长率20%的目标努力了1年，遗憾的是，整体止步于15%的增长率。你计算每个小组的增长率发现，A组是18%，B组是10%，C组是14%。

B组的增长率是10%，在三个小组中最低，所以有可能拖了后腿，现在你打算让B组明年制订更加周详有效的计划。这样有没有问题呢？

小组	去年（万日元）	今年（万日元）	增长率	目标
A	100	118	18%	20%
B	50	55	10%	20%
C	100	114	14%	20%
合计	250	287	15%	20%

解　答

相对目标20%来看，差距最大的确实是10%的B组，把B组作为问题是有理由的。但是，为了确认是不是只有B组存在问题，我们计算一下当B组的增长率达到20%时，整体的增长率能恢复到什么程度。

本次的习题与本章最前面的事例不同，目标是增长率，需要以比率来表示。本章最前面的事例问题在于销售额的金额，如果要确认没问题的时候能够恢复到什么程度，只需用加法简单计算就行。

而本次习题中的增长率是相对值，需要增加一步计算。不仅要看增长率，还要确认实际的金额有多大的影响。

B组去年的销售额是50万日元，按照增长率20%来计算，目标金额就是50万日元×120% = 60万日元。假设B组达成目标，今年整体的销售额是292万日元，增长率将变为17%，相对目标还有3%的差距。

小组	去年（万日元）	目标	目标金额（万日元）	今年（万日元）	增长率
A	100	20%	120	118	18%
B	50	20%	60	55→60	20%
C	100	20%	120	114	14%
合计	250	20%	300	292	17%

如果按照去年实绩的20%算出每个小组的目标金额，那么每组对比目标金额的差额绝对值计算结果如下。

小组	去年 （万日元）	目标	目标金额 （万日元）	今年 （万日元）	与目标的差距 （万日元）	增长率
A	100	20%	120	118	−2	18%
B	50	20%	60	55	−5	10%
C	100	20%	120	114	−6	14%
合计	250	20%	300	287	−13	15%

　　由上表可知，对比目标金额，差距最大的是C组，其次是B组。如果只看增长率，就会觉得B组有问题，但如果着眼于与目标金额的差距，就会发现B组和C组都有问题。

　　那么，如果B组和C组都达成了目标金额的话，整体会恢复到什么程度呢？计算结果如下。整体与目标金额的差距是2，增长率也恢复到19%，因此就能够以B组、C组为中心来重点考虑明年的计划了。

小组	去年 （万日元）	目标	目标金额 （万日元）	今年 （万日元）	与目标的差距 （万日元）	增长率
A	100	20%	120	118	−2	18%
B	50	20%	60	55→60	0	20%
C	100	20%	120	114→120	0	20%
合计	250	20%	300	298	−2	19%

　　本次习题中，从最初的数据也可以推测B组和C组存在问题。对比20%的目标，B组的实际增长率是最低的10%，C组是14%，而A组是18%，虽然没达标，但非常接近20%。因此，如果要找问题的话，自然会想到B组和C组。

接下来请看下表。

小组	去年 （万日元）	今年 （万日元）	增长率	目标
X	25	27	8%	20%
Y	25	27	8%	20%
Z	200	233	17%	20%
合计	250	287	15%	

从增长率来看，X组和Y组都是8%，Z组是17%，所以看起来问题存在于X组和Y组。但是，跟刚才一样计算出各组与目标金额的差距后，结果如下表所示。

小组	去年 （万日元）	目标	目标金额 （万日元）	今年 （万日元）	与目标的差距 （万日元）	增长率
X	25	20%	30	27	−3	8%
Y	25	20%	30	27	−3	8%
Z	200	20%	240	233	−7	17%
合计	250		300	287	−13	15%

只看比率的话，会觉得Z组没有问题，但我们发现，如果着眼于与目标金额的差距，那么实际上Z组的差距是最大的。这是因为X组、Y组的目标金额与Z组的目标金额本身就有很大差异。这说明，由于原本的构成比例不同，实数的影响度也会不一样，不能单纯用比率来进行判断。

有时我们获取的数据跟本次例子一样是比率，这种情况下，要结合实数一起考虑，把看起来有问题的地方填补后观察整体会恢复到什么程度的思路实际上就会引导我们去确认实数是多少。不管我们一开始获得的数据是实数还是比率，这都是有效的方法。

发现有问题的地方以后，就尝试填补问题之处，确认整体会恢复到何种程度，然后再进行下一步。

STEP UP!

最后，我们再做一道习题。下表是去年与今年的项目数和订单数的汇总表。

整体的订单率从50%下降到41%，原因似乎在于今年第一季度项目数是7个，但订单为0。如果要说明第一季度订单为0是导致订单率减少9%的原因，应该怎么做呢？

	去年（个）		今年（个）	
	项目	订单	项目	订单
第一季度	9	6	7	0
第二季度	12	5	11	6
第三季度	11	5	10	4
第四季度	8	4	9	5
合计	40	20	37	15
订单率	50%		41%	

跟前面一样，我们可以假设今年第一季度的订单率达到去年的程度，然后进行计算。不过，第一季度的订单率既可以假设为去年全年的平均数50%，也可以假设为去年第一季度的订单率67%。

现在要证明的是，第一季度的实绩是造成整体订单率从50%下降到41%的原因。换言之，只需能够说明今年第一季度的特殊性就可以。

这种情况下，把认为有问题的地方剔除后进行计算也是一种方法。实际进行计算后，可以得出以下结果。

	去年（个）		今年（个）	
	项目	订单	项目	订单
第一季度	9	6	-	-
第二季度	12	5	11	6
第三季度	11	5	10	4
第四季度	8	4	9	5
合计	40	20	30	15
订单率	50%		50%	

把今年第一季度剔除后进行计算，发现今年的订单率是50%，与去年相同，由此知道今年第一季度的情况比较特殊。如果能够定性地说明今年第一季度比较特殊，那么判断其为特殊时期的合理性就会更高。

如果推测某个地方有问题，可以剔除有问题的地方以后进行计算。如果不知道怎样填补才算正确的状态，或者填补假设的数据后可能会对整体的评价产生影响，可以尝试"直接剔除"的方法。

小结

- ✔ 为了放心进入下一步，多花一点工夫
- ✔ 填补有问题的地方，确认能够恢复到什么程度
- ✔ 要理解有时候会存在多个有问题的地方
- ✔ 填补漏洞的方法在分析对象为比率时也有效果
- ✔ 把有问题的地方剔除来看也是一种方法

把现象的关联性图示化

找出因果关系是分析的其中一个目的。为此，要明确发生的现象之间存在怎样的关联性，把现象的关联性图示化可以达到这个目的。具体来说，怎样能够把现象之间的关联性进行图示化呢？

在公司内实施问卷调查时发现，以下的事实情况比较突出。

· 无法积极投入工作

· 线上会议增加

· 电子化被推崇

这三个现象之间很可能有关联性，但是有怎样的关联性呢？我们尝试用图示化的方式来表示。

图1

可以考虑的其中一个可能性是，如图1所示，由于电子化被推崇，线上会议增加，结果导致职员无法积极地投入工作。可以推测这三个现象的发生是有顺序的。

另一方面，也存在图2的可能性。大的流向与图1相同，但是电子化被推崇与无法积极投入工作这两者有直接关联，这是与图1的不同之处。

图2

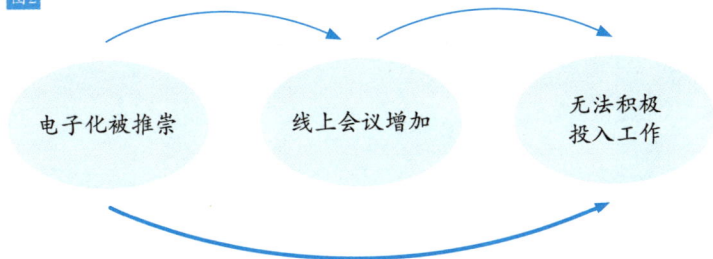

如果图1的情况属实，那么无法积极投入工作的直接原因就是线上会议的增加，需要进一步调查线上会议存在什么问题。

另一方面，如果推测发生的情况如图2所示，那么电子化被推崇就有可能是无法积极投入工作的原因，说明有可能是职员未能很好地适应公司要求的新技能或者不断变化的环境。

实际上是图1对还是图2对，不进一步调查的话无法得知。但是，通过画图进行图示化，正在发生的现象之间的关联性就能显现出来。虽然可能无法直接判断哪种情况是对的，但它的价值在于能够决定思考内容的方向。

记住不是罗列现象，而是把现象之间的关联性从视觉上体现出来。

关键点1. 列出现象

关键点2. 从时间的角度来考虑哪件事在前。如果有几种可能性，就增加周边的信息，判断哪种可能性比较恰当

1. 列出现象

我们用刚才的例子仔细地逐项分析，首先列出三个现象。由于不知道顺序，所以随意排列即可。

電子化被推崇 　 線上會議增加 　 無法積極投入工作

2. 从时间的角度来考虑哪件事在前。如果有几种可能性，就增加周边的信息，判断哪种可能性比较恰当

首先，考虑一下"电子化被推崇"和"线上会议增加"这两个现象之间的关联性。

要思考是因为电子化被推崇，所以线上会议增加了，还是因为线上会议增加了，所以电子化被推崇。线上会议增加成为电子化被推崇的契机也不是没可能，但更稳妥的思路应该是电子化被推崇的其中一环是线上会议增加。

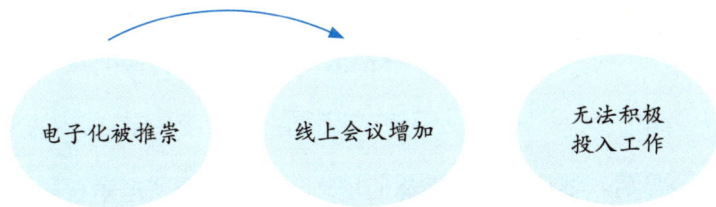

电子化被推崇 　 线上会议增加 　 无法积极投入工作

其次，想一想"线上会议增加"和"无法积极投入工作"的关联性。因为无法积极投入工作导致线上会议增加这个逻辑难以说通，所以应该是线上会议增加导致无法积极投

入工作，这个方向更为妥当。

下面再来想想"电子化被推崇"和"无法积极投入工作"的关联性。因为无法积极投入工作导致电子化被推崇的逻辑不太说得通，所以应该是电子化被推崇结果导致无法积极投入工作，这样比较符合逻辑。

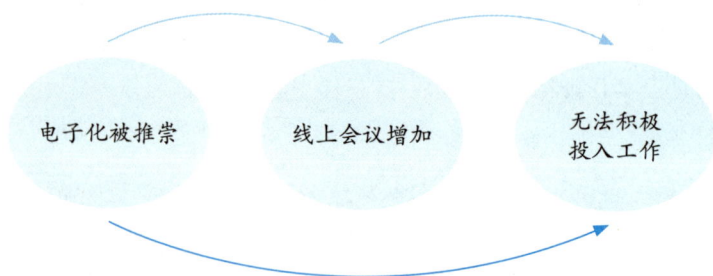

最后，要记得进行整体的梳理。如果认为"电子化被推崇"与"无法积极投入工作"的关联性比较薄弱，或者比较"线上会议增加"和"电子化被推崇"，觉得"无法积极投入工作"的主要原因是"线上会议增加"，那么情况就如图3所示。

图3

电子化被推崇　　　　线上会议增加　　　　无法积极
投入工作

另一方面，如果认为"电子化被推崇"与"无法积极投入工作"有一定的关联性，那么情况就可能如图4所示。

图4

电子化被推崇　　　　线上会议增加　　　　无法积极
投入工作

假设发生以下三个现象，它们有可能存在怎样的关联性？请进行图示化。

- 加班多
- 没时间提升技能
- 不出成果

解 答

首先，列出三个现象，如下图所示。

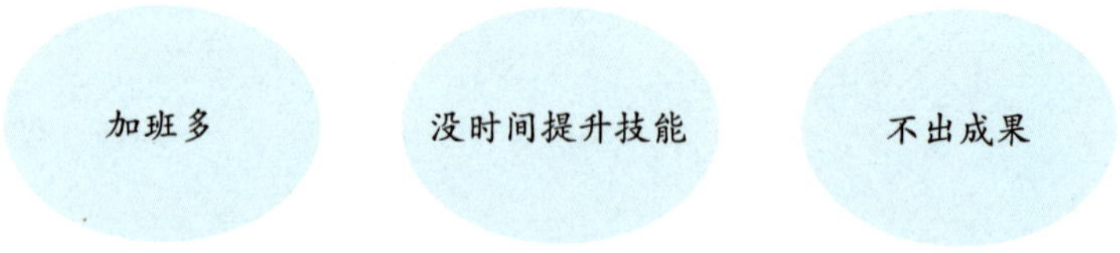

现在考虑一下"没时间提升技能"和"加班多"的关联性。

是"因为没时间提升技能所以加班多"，还是"因为加班多所以没有时间提升技能"呢，这两者都有可能。

再考虑一下"不出成果"和"没时间提升技能"的关联性。

是"因为不出成果所以没时间提升技能",还是"因为没时间提升技能所以不出成果"呢,前者的可能性也存在,但更为直接的解释是"因为没时间提升技能所以不出成果"。

我们把目前梳理出来的内容进行图示化,如下图所示。

加班多　　没时间提升技能　　不出成果

最后看看"加班多"和"不出成果"的关联性。

是"因为加班多所以不出成果"呢,还是"因为不出成果所以加班多"呢,很可能是后者。

以上的内容进行图示化的话,就是下图的情况。

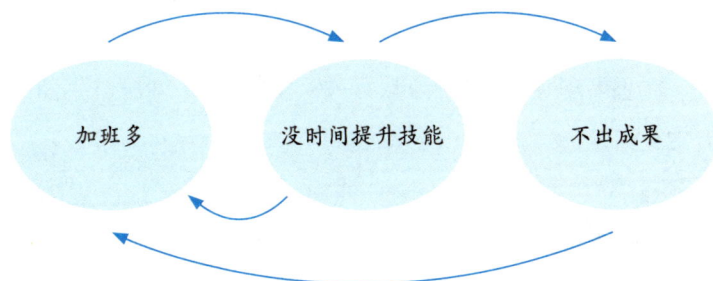

加班多　　没时间提升技能　　不出成果

如果进一步转化为容易理解的图，就是以下的样子。

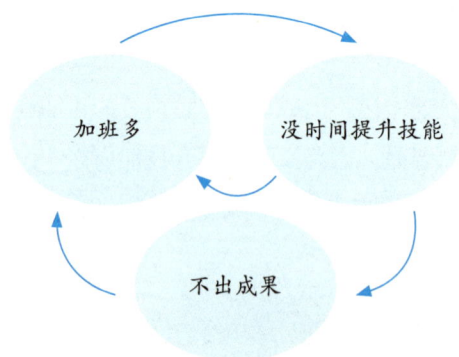

跟前一个例子不同，这三个现象可以形成一个环，可见陷入了一个恶性循环。如上述例子，不一定所有的问题都会形成直线的关系。

如果形成了一个循环，不阻断某处的话，这个循环就不能切断。可以想想哪一环最容易切断，进而考虑对策。

STEP UP!

在思考现象的关联性时，一般要注意三个情况，下面为大家介绍。

● **混淆因果**

第一点是混淆因果。"有海外工作经验的人都比较擅长英语"，这是一个可能性，但"擅长英语的人优先被安排到海外工作积累经验"也是非常有可能的。

第一眼看上去觉得按此顺序因果关系可能成立，但往往在认真思考后才发现其实情况正好相反，要习惯充分考虑相反情况的可能性。

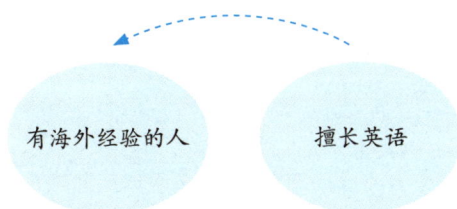

有海外经验的人　　　　擅长英语

● 先有鸡还是先有蛋

接着需要考虑"先有鸡还是先有蛋"这个著名的问题，意思是不清楚谁在先谁在后的情况。既有可能是广告预算增加所以销售额得以增长，也有可能是销售额增长后广告预算增加了。

刚才那个循环的例子，从广义来说也属于这个问题。大家要知道，有些情况是难以严格地区分哪个在先哪个在后的。

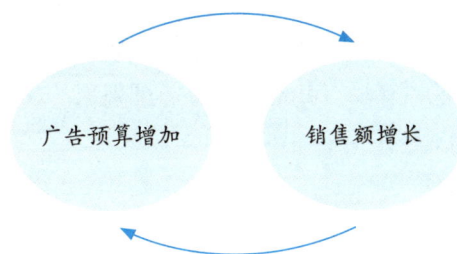

广告预算增加　　　　销售额增长

● 第三因素的存在

如果在竞争对手开业的时候，销售额有所减少的话，很容易会认为这里面存在因果关系。然而，销售额减少的原因其实是自身所提供的服务变差了。也有可能是竞争对手知道了我方服务变差的情况，所以选择在这个时候开业。

换言之，乍看以为有因果关系的两个现象，其实是因为共通的原因而存在的现象。要留意有没有会成为共通原因的要素。

```
                    ╌╌╌╌╌╌╌╌╌╌╌╌
              ⟋                    ⟍
        ╱                              ↖
   （竞争对手开业）              （销售额减少）
        ↖                            ↗
          ↖                        ↗
              （服务变差）
```

当偶然发生了容易被注意到的现象，且看起来其中存在因果关系时，很容易就会给那个现象强加意义。但是，大家要习惯多想想"其中真的存在关联性"还是"存在相反的可能性"，或者"有没有其他原因"。把现象的关联性进行图示化，会起到辅助作用。

小结

✔ 把多个现象图示化

✔ 图示化后，不管是直线型还是循环型的关系都会
对理解状况有帮助

✔ 要对是否真的存在关联性持怀疑的态度

✔ 思考是否存在相反的可能性

✔ 要有意识地思考其他现象是不是由于共通的原因
产生了影响

第11讲 为理由找依据

事情为什么发生，究明理由是解决问题的其中一个目标。可是，要找到依据证明理由，实际上很有难度。到底难在哪里？如何才能更有依据地证明理由呢？

最近的新增意向咨询有所增加，很值得高兴。在思考理由的时候，你只能想到可能是网页更新起了作用。那么，如果要找依据证明新增意向咨询增加是因为网页更新的话，应该怎么做呢？

首先，要评价网页更新的效果。如果有较多关于版面更加清晰、内容更加容易理解等方面的好评反馈，就可以证明。又或者进行问卷调查，对受众实际的接受程度进行评价，确认网页更新的效果是否良好。

其次，如果说两者存在关联性，那么意向咨询应该是在网页更新之后增加的。也就是说，重要的是有先后次序，能够从时间上进行说明。而且从时间推移的意义来说，这两个现象的发生时间不能相隔太远。如果网页更新是在一年前，那么其效果就不太可能到现在才显现出来。要能够说明是在一定时间内发生了变化。

最后，如果要说明网页更新就是意向咨询增加的原因，那么关键是确认除此以外确实没有其他的原因。例如，要先确认是不是"广告没有变化""研讨会没有变化""没有举行活动"等，这些可能会促进意向咨询增加的要素是不是都没有变化。因为如果其他要素也发生了变化，那么就有可能是那些要素起了作用。

关键点1. 对所主张内容的评价
关键点2. 确认时间关系是否吻合
关键点3. 确认除所主张的内容以外有没有其他影响
　　　　　因素

1. 对所主张内容的评价

如果要证明某个理由，就要确认关于那个理由所涉及要素的评价情况。

2. 确认时间关系是否吻合

接着，要考虑时间关系是否吻合。因果关系的原因和结果是有先后次序的，原因要比结果发生的时间早。

而且，还要确认变化是不是在推测产生影响的时间范围内发生的，可以用发生时间相关的数据与实际变化结果的数据来证明。

3. 确认除所主张的内容以外有没有其他影响因素

最后，要尽可能证明自身主张内容以外的因素跟发生的事情没有关系。实际上，很多时候一件事情的发生有多种要因交织在一起。大家要积极地去确认有没有其他因素可能产生影响，也要思考一下有没有量化的数据可以作为辅助证明。

假设在刚才的例子中，除了网页更新以外，召开了可能跟意向咨询量增加有关联性的研讨会。为了证明研讨会的召开对咨询量的变化没有产生影响，就要能够说明研讨会的召开与这次咨询量增加的时间段是错开的；或者，虽然时间段是重合的，但研讨会本身的内容与以往的没有太大不同。如果能够用数据来展现这个情况，那么说服力将会提升。

咨询量的增加，是因为网页更新起了作用

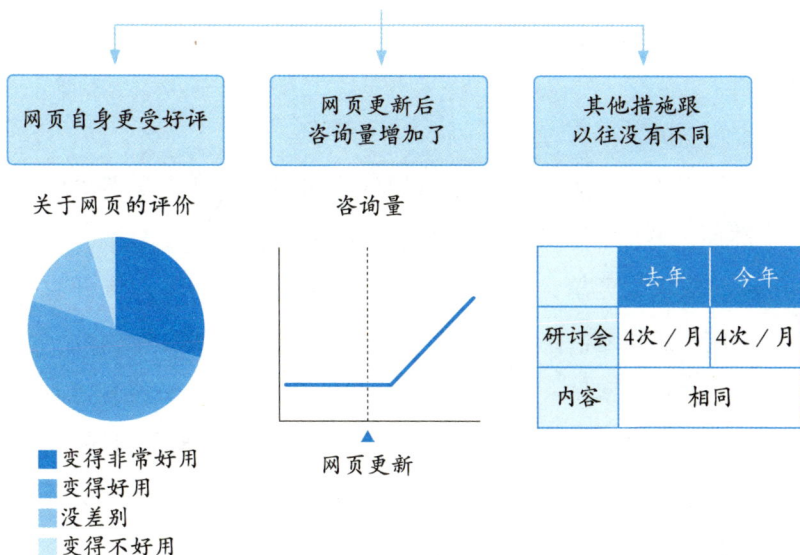

网页自身更受好评

网页更新后咨询量增加了

其他措施跟以往没有不同

关于网页的评价

咨询量

网页更新

■ 变得非常好用
■ 变得好用
■ 没差别
■ 变得不好用

	去年	今年
研讨会	4次／月	4次／月
内容	相同	

练习题

你在主题乐园工作。最近入场游玩人数大幅增加，你做了一个假设，推测原因是最近新开放的游乐设施。为了证明新开的游乐设施是入场人数增加的原因，应该要说明哪些内容呢？

首先，要有对游乐设施本身的评价。

如果能够确认该游乐设施很受欢迎、很多人在游玩或准备去游玩等事实情况，就可以说明问题。

其次，要确认入场人数增加的时间点与游乐设施新开的时间点之间是否存在关联性，看看两者的时间点是否吻合。

最后，确认一下除了新开的游乐设施以外，有没有其他使入场人数增加的原因。例如，新开的游乐设施是不是有好几个、有没有进行降价等促销活动、其他要素相比以往是否发生了变化等。

还有一点需要注意的是环境因素。例如，假设这个游乐设施新开的时间是7月份，那么有可能是环境发生了变化，增加了"暑假"这个因素。

我们可以从要素是否发生变化这个角度多加留意，但季节等环境因素变化是很难察觉的。在考虑其他可能性的时候，也要注意前提本身是否发生了变化。

新开的游乐设施是入场人数增加的原因

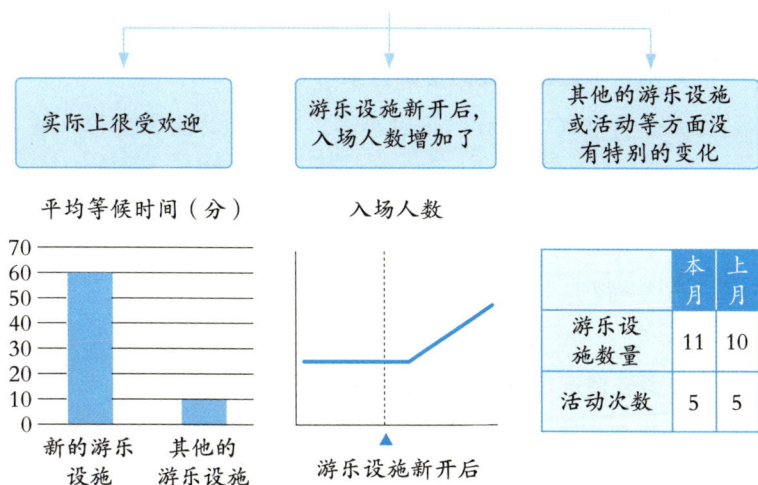

| 实际上很受欢迎 | 游乐设施新开后，入场人数增加了 | 其他的游乐设施或活动等方面没有特别的变化 |

平均等候时间（分）

入场人数

	本月	上月
游乐设施数量	11	10
活动次数	5	5

新的游乐设施　其他的游乐设施

游乐设施新开后

STEP UP!

我们梳理一下查找原因时的难点。

要证明没有其他影响很难。

人们通常倾向于直接去证明自己想说明的内容。因为有这样的倾向，所以很多时候没办法把自己想说明的内容以外的影响纳入考虑之中。

此外，即使意识到要考虑其他的影响，但是要证明其他要素没有影响也是很困难的。而实际上，受到多个要素影响的情况比受到单个因素影响的情况更多，所以要锁定影响因素本身就有很大难度。

● 别人不会告诉我们正确答案

不会有谁来告诉我们正确答案。当问题解决了之后，根据结果才会知道某个因素可能是问题的答案。

此外，如果针对某个发生的现象采取措施，并确认现象马上得以消除，就可以理解为推测的原因是正确的。

● 有些情况难以通过问题重现进行确认

有些情况无法直接确认原因。例如，我们试想一下有人要辞职的情况。思考原因、采取对策之后，如果那人决定不辞职了，就可以根据这个情况认为原来考虑的原因是正确的；如果那个人已经辞职，则无法确认原因。而且，人和人的情况不一样，有时候采取对策的对象不是同一个人，严格来说不算百分百重现了情况。

另外，如果已经采取了某种措施，且这个措施已经产生了一些影响，再加上时间不可逆，要重现问题发生时的状态会很困难。

因此，锁定原因从本质上说很困难，请大家在理解这一点的基础上，尽可能努力寻找依据去证明。

| 有问题的状态 | → | 采取对策以后的状态 |

■ 严格来说不是同一种状态
· 随着时间的推移，事情会发生变化
· 采取对策之后会产生影响

■ 无法回头进行确认
· 有些情况难以创造出跟原来相同的状态

小结

✔ 为了证明原因，要准备好数字

✔ 对原因本身的评价很重要

✔ 从时间上是否说得通，这点也很重要

✔ 要把握清楚其他要素跟该事件有没有关系

✔ 要理解这本来就是一件有难度的事

预测未来要持有依据

对未来可能会发生的事情也要持有依据，然而难点在于我们无法准确知道未来会发生什么。对于未来的事情，如何才能提升依据的妥当性呢？

预测未来很困难，但是不能因此就放弃，可贵的是主动去思考。同时，重要的是能够说明为什么作出此预测，在一定程度上让人信服。

你在书店里看到关于AI编程语言Python的书籍平铺摆卖，便以编程书籍畅销的现象为起点，尝试思考未来可能会发生的事情。

思考A

"编程的书籍畅销，意味着有更多人想通过使用计算机自己进行创作。这样想的话，使用计算机进行创作也可以用于发布动画，那么今后动画制作的书籍可能也会畅销……"

"编程的书籍畅销，意味着今后有更多人会尝试自己编程。如果学会了编程，那么应该也会尝试用计算机去创作其他的东西。目前正流行的是动画，那么以后动画制作的书籍可能也会畅销……"

思考A、思考B都是从"编程书籍畅销"这个事实出发，最终推测动画制作的书籍可能会畅销，但比起预测的结果，如何得出该结论的过程更为重要。我们来确认一下思考的流程。

思考A以"编程书籍畅销"的现象为起点，着眼于这个现象发生的原因来进行思考。这里认为"有更多人想通过使用计算机自己进行创作"，接着思考"使用计算机可以创作的其他东西"，最后推导出动画制作的书籍可能会畅销的结论。图示如下：

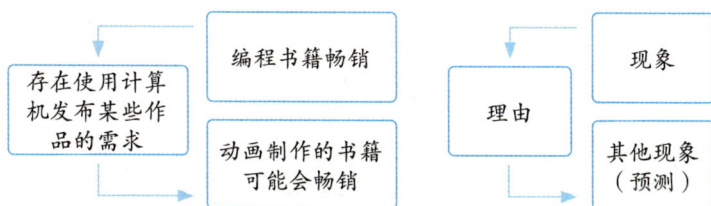

思考B以"编程书籍畅销"的现象为起点，思考这个现象出现以后，可能会发生怎样的事情，这里认为"编程书籍畅销的结果是将会有更多人用计算机进行编程"。

接着，根据未来可能会发生的事情，得出结论"如果有过用计算机创作的经验，那么预计他也会想制作其他东西，最后可能会倾向于进行动画制作"。图示如下：

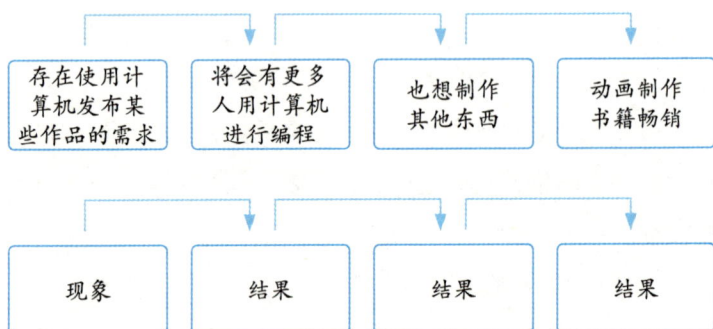

存在使用计算机发布某些作品的需求	将会有更多人用计算机进行编程	也想制作其他东西	动画制作书籍畅销
现象	结果	结果	结果

关键点1. 思考理由，预测其他的可能性

关键点2. 思考接下来可能发生什么情况，把思路串联起来

1. 思考理由，预测其他的可能性

根据获取的信息思考为什么会发生这些情况，预测其他的可能性。我们对眼前发生的现象可能会想出多个原因，关键是对原因的理解。

刚才的例子认为编程书籍畅销的理由可能是"存在用计算机创作的需求"，但如果认为是"人们对计算机更加关注"，那么由此可以预测的其他可能性就是"计算机培训可能会流行起来"或者"计算机可能会畅销"等。

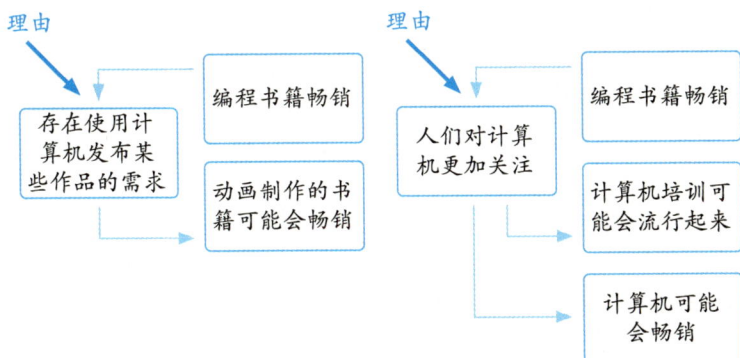

理由　→　存在使用计算机发布某些作品的需求　→　编程书籍畅销／动画制作的书籍可能会畅销

理由　→　人们对计算机更加关注　→　编程书籍畅销／计算机培训可能会流行起来／计算机可能会畅销

2. 思考接下来可能发生什么情况，把思路串联起来

发生这件事以后，思考接下来有可能发生什么情况。以刚才的例子来说，就是指编程书籍畅销之后，会发生什么情况。从编程书籍畅销的情况来看，可以预测会有更多的人感到用计算机实际地尝试创作会带来喜悦，这样的话，就可以联想到可能会有更多的人想尝试进一步用计算机来进行创作，最终演变成尝试制作动画。

编程书籍畅销以后会发生什么情况，其实我们并不知道。但我们获取了这个信息，就可以以此为起点去进行思考。

刚才我们设想会有更多的人感到用计算机来创作会带

来喜悦；但从其对立面来说，也可以推测因为难度太高无法顺利创作的人也会增加。这样一来，就能推导出计算机（编程）培训可能会流行起来的结论。

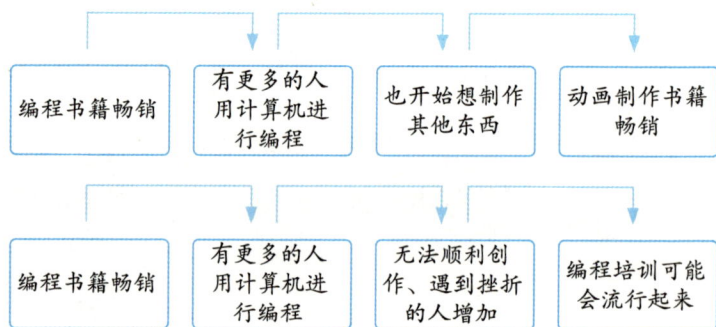

编程书籍畅销	有更多的人用计算机进行编程	也开始想制作其他东西	动画制作书籍畅销

编程书籍畅销	有更多的人用计算机进行编程	无法顺利创作、遇到挫折的人增加	编程培训可能会流行起来

结果有很多可能性，所以并没有唯一的正确答案。不过，即使不知道正确答案，也可以先以已经明确的事实、现象作为起点把思路串联起来。为此有以下两个方法：

· 思考发生这个情况的理由，并基于理由思考其他的可能性
· 仔细地把事情串联起来，思考这个现象可能会引发什么情况

不能因为不知道结果就随意推测，为了导出结论，落实每一个思考的步骤很重要。

请从两个思路来思考：从人们设想的新型生活方式"更多的人会居住在郊外"可以预测到什么？

解 答

首先，思考事情发生的理由，并预测其他的可能性。

关于更多的人会居住在郊外，其有力的理由是现在已经可以顺畅地进行线上办公，利用线上的环境也将能够进行其他的活动，所以可以推测会有更多的人加入线上的新型社区。

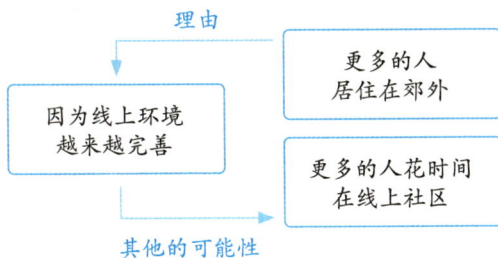

理由

因为线上环境越来越完善 → 更多的人居住在郊外

因为线上环境越来越完善 → 更多的人花时间在线上社区

其他的可能性

思考接下来可能会发生什么情况，把推测的情况串联起来。

如果更多的人居住在郊外，线上办公的人也增加了，那么通勤时间可能会减少。这样的话，能够自由支配的时间就会增加，所以推测花时间在社区的人可能会增加。

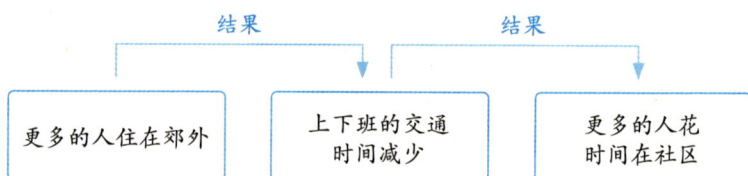

	结果		结果	
更多的人住在郊外		上下班的交通时间减少		更多的人花时间在社区

无论是前者还是后者，结论都是更多的人会花时间在社区。但是，前者是因为线上环境更加完善，所以推测人们会参与线上的社区活动；后者是物理时间更加充裕了，所以推测人们参与的是现实生活中的社区活动。

要先理解两种可能性都存在，在此基础上再判断是"哪一种对"还是"两种都对"。

STEP UP!

我们梳理一下目前学习过的内容。预测未来的思路有两种：一种是从现象出发，考虑理由，预测其他的可能性；另一种是从现象出发，推测其后可能会发生的情况，并把推测的内容串联起来。

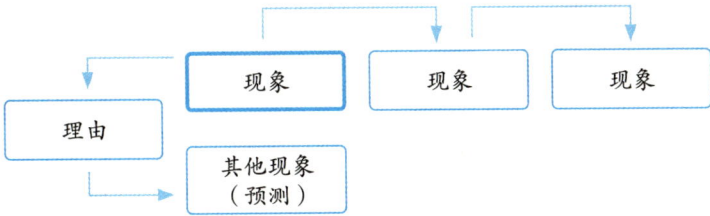

不过，上图是其中一种解释的图示。实际上，即使是以某个现象为起点进行预测，也会出现以下的情况。

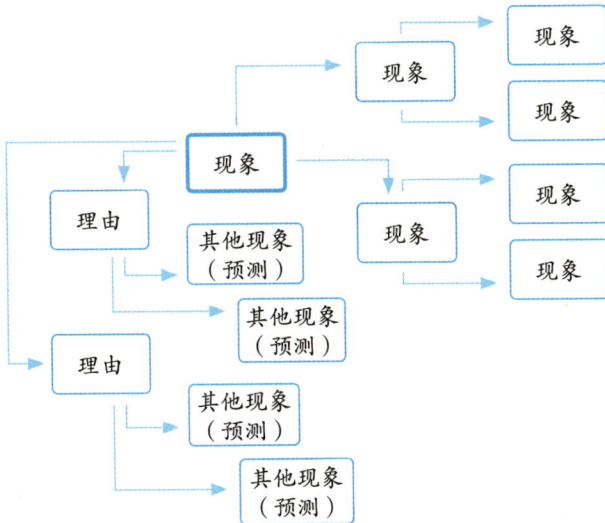

该现象发生的理由可能有多个，基于其理由可能发生的情况也有多种，而且该现象出现后会发生的事情也有多个可能，如果进一步把推测的内容串联起来，能够预测的空间就会更广。

对自身预测的内容，自己要充分理解是以什么为起点、通过怎样的思路推导出预测结果的，而且重要的是共享信息。

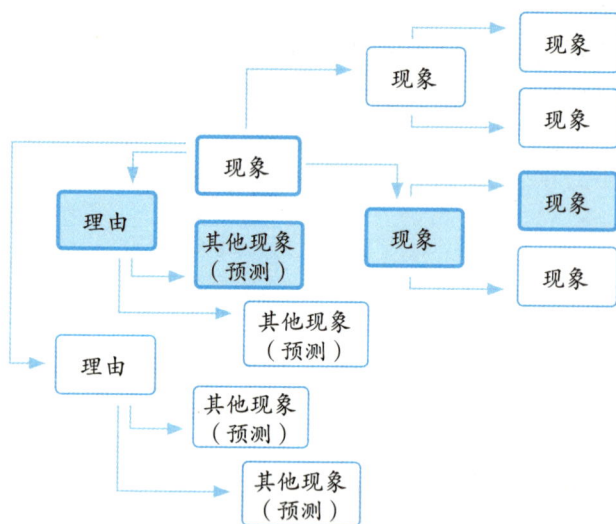

在此基础上，我们确认一下需要留意的要点。

● 箭头越多，说服力越薄弱

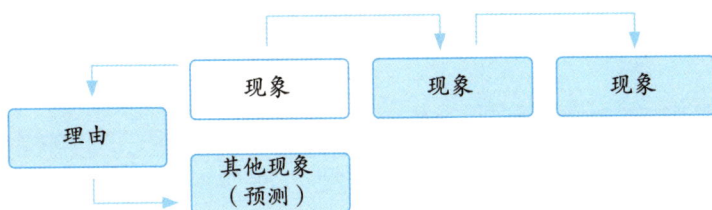

对箭头两端两者的关系能作为多大程度的解释，会影响推测精确度。箭头增加得越多，说服力可能就会越薄弱。

● 可以共享到哪种程度

其次，清楚认知思路并能够共享信息很重要。

例如，关于刚才的编程书籍的例子，思路如下图所示。

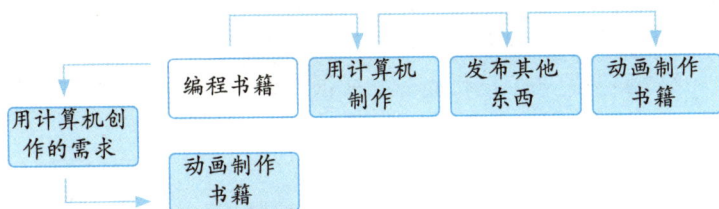

当尝试向上司说明该思路时，如果上司表示：

"虽然不太清楚动画制作书籍的情况，但是能够理解背景中潜藏着动画制作的需求。"

"虽然不太清楚动画制作书籍的情况，但是发布自身作品的需求确实有可能增加。"

这就意味着其中一部分的思路已经获得了认可。

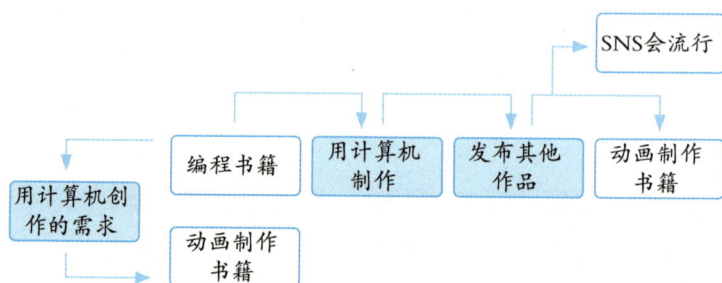

如果知道哪部分已经得到了认可，就可以以此为起点思考下一步。

预测是很有难度的，但不能随意猜测"我觉得可能是这样"，要一边细致地寻找推测的依据一边去思考。

因为有各种可能性，所以清晰地传达自己的思路、把能够达成共识的部分进行充分共享很重要。大家可以以达成共识的地方作为起点，进一步去进行预测。

小结

✓ 进行预测很有难度，但要尽可能说明得让人信服

✓ 思路有两种，明确是通过怎样的思路推导预测的很重要

✓ 理由存在多种可能性，要多加留意

✓ 为了确保说服力，也要运用视觉化的方法确认已经达成共识的范围

✓ 不要在模糊不清的情况下向前推进，一旦感觉到不安，就从达成共识的地方开始重新思考

第4章
应该做什么？思考"解决方案"

··

  终于来到最后一步，要思考解决方案了。跟此前的步骤道理相同，这一步也不能急躁，因为最后采取怎样的对策，将会影响结果。需要注意的是，不要草率地打定主意，要拓宽思路。拓宽思路以后，要准确地锁定选择项。要制定选择的基准，在此基础上进行恰当的评价，最终抉择如何实施对策。本章将会学习如何去思考解决方案。

列出选择项

　　明确原因以后，就要准备思考解决方案了。人们在偶然想到一些措施之后往往想马上实施，但求快并不是上策。我们不能依靠偶然想到的措施，而要找出多个可能的解决方案，从而决定选择哪一个，这个过程很重要。那么，应该如何尽可能多地找出解决方案呢？

　　在全球化的背景下，公司向职员下达了通知，要求每个人都要加强英语能力。怎样加强英语能力呢？现计划去考虑各方面的措施。

　　去学校进修、听广播、做习题等，现在想出了好几个主意，但并不能确信已经找出了所有可能的办法，感觉还有其他更好的方案。所以现在先把偶然想到的办法进行梳理。

　　首先，关于第一个想到的"去学校进修"，这也就是借助其他人的力量。这样看来，可以大致分为"借助其他人的力量"和"靠自己努力"两种方法。

　　接着是"听广播"和"做习题"。听广播估计是每天早上花较短的时间来听，而做习题需要有完整的时间来实施，解决方案或可以分为"短时间能完成的事情"以及"需要完整的时间来完成的事情"。

　　另外，按照上面区分的"借助其他人的力量"和"靠自己努力"两种方法来看，这些对策属于后者。如果把刚刚思考的内容与偶然想到的三个解决方案用图来表示的话，可以梳理如下。

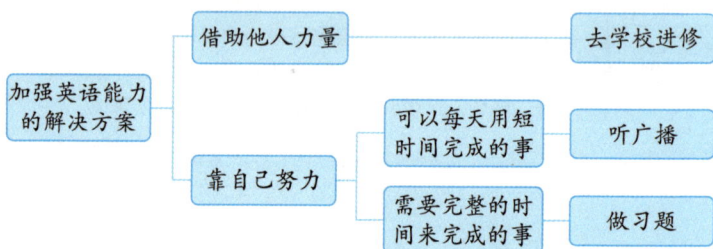

　　这样梳理的话，似乎有点欠缺平衡。借助他人力量的解决方案应该可以再增加一层的梳理，像靠自己努力的情况一样区分为"短时间能完成"或"需要完整时间来完成"也可以，但我们在这里区分为"借助公司外人员的力量"以及"借助公司内人员的力量"。同时，我们的目标是在每种分类中提出两个备选项，这样的话整体思路如下图所示。

```
加强英语能力          借助他人力量      借助公司外      去学校进修
的解决方案                          人员的力量

                                   借助公司内
                                   人员的力量

                    靠自己努力       可以每天用短      听广播
                                   时间完成的事

                                   需要完整的时      做习题
                                   间来完成的事
```

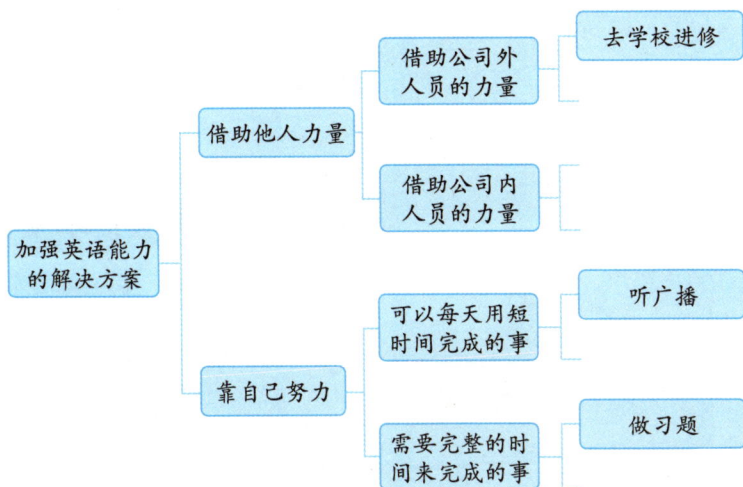

　　最后，思考一下还没想出来的空白处，有各种方法可以
考虑。关于借助公司外人员的力量方面，除了去学校以外，
还可以上网课；关于借助公司内人员的力量方面，可以请前
辈来授课，或者组织学习会，与几个有共同计划的同事一起
学习等。

　　靠自己努力的方法中，能够每天在短时间内完成的事情
有阅读英文报纸等，同样是靠自己努力但需要完整的时间来
完成的事情有看英文电影等。

```
                                              ┌─────────────┐
                                  ┌───────────┤  去学校进修  │
                      ┌───────────┤ 借助公司外 └─────────────┘
                      │           │ 人员的力量 ┌─────────────┐
            ┌─────────┤           └───────────┤  在网上学习  │
            │ 借助他人力量             └─────────────┘
            │         │           ┌─────────────┐
            │         │           │  请前辈来授课 │
┌─────────┐ │         └───────────┤ 借助公司内 └─────────────┘
│ 加强英语能力 │          人员的力量 ┌─────────────┐
│ 的解决方案  ├─┤                   ┤ 开展小组学习会│
└─────────┘ │                     └─────────────┘
            │         ┌─────────────┐
            │         │  听广播      │
            │ ┌───────┤ 可以每天用短 └─────────────┘
            └─┤ 靠自己努力 时间完成的事 ┌─────────────┐
              │       └───────────┤ 阅读英文报纸  │
              │                   └─────────────┘
              │       ┌─────────────┐
              │       │  做习题      │
              └───────┤ 需要完整的时 └─────────────┘
                      │ 间来完成的事 ┌─────────────┐
                      └───────────┤ 看英文电影   │
                                  └─────────────┘
```

以偶然想到的三个方案为起点进行梳理后，总共找出了八个解决方案的备选项。

关键点1. 偶然想到的解决方案要多想几个

关键点2. 考虑成对的概念

关键点3. 分层梳理偶然想到的对策

关键点4. 填写空白格

1. 偶然想到的解决方案要多想几个

本来从第二点开始也可以，但一下子要考虑成对的概念也很难。即使是偶然的想法也没关系，首先从列出两三个解决方案开始着手。

2. 考虑成对的概念

以偶然的想法为起点，思考其背后蕴藏的成对的概念。

在本次的例子中，"去学校进修"是第一个想法。去学校进修也就是由他人来教授，所以可以导出"借助他人的力量"以及"靠自己努力"这样成对的概念。

接着是听广播，这是前面梳理的靠自己努力的一种方法。另外，做习题也同样是靠自己努力的方法。这里可以考虑其他成对的概念。

例如，广播可以在每天早晨短时间地倾听，而做习题就需要有完整的时间来完成，所以可以梳理出两种类型，分别是短时间能够完成的事以及需要完整的时间来完成的事。

3. 分层梳理偶然想到的对策

这样梳理出来的成对的概念，如果分层次来表示的话，如下图所示。

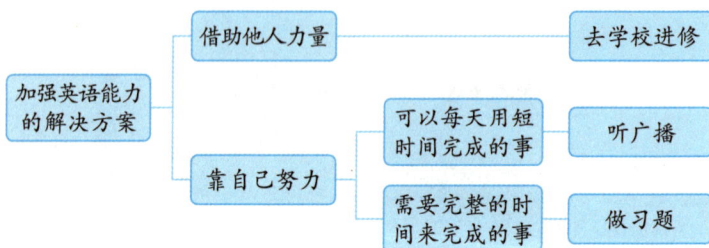

这样的结构也可以，但上部的"借助他人力量"似乎还可以增加一个层次。所以我们重新斟酌了去学校进修的意义，从而发现这意味着要借助公司外人员的力量。"借助公司内人员的力量"与"借助公司外人员的力量"这两个成对的概念，可以放入第二个层次，再进一步梳理，并以每个要素找出两个对策为目标，可以用下图来表示。

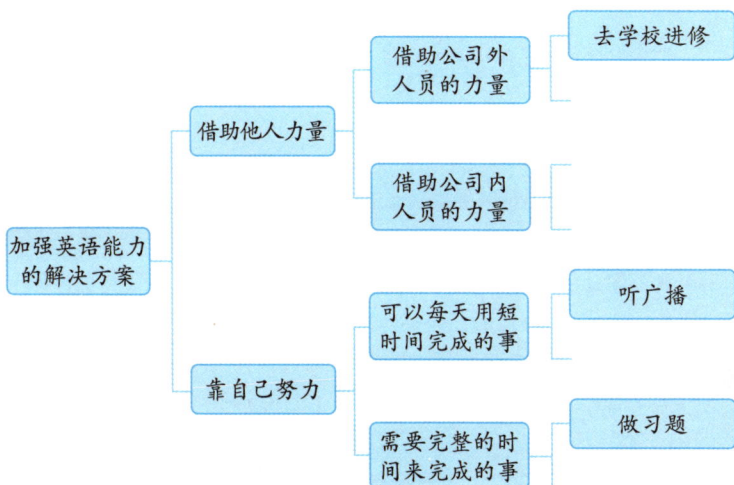

加强英语能力的解决方案
- 借助他人力量
  - 借助公司外人员的力量 → 去学校进修
  - 借助公司内人员的力量 →
- 靠自己努力
  - 可以每天用短时间完成的事 → 听广播
  - 需要完整的时间来完成的事 → 做习题

4. 填写空白格

这样思路的框架就完成了，下面可以思考空白格有没有相应的对策。

除了去学校进修以外，借助公司外人员力量的方法还有在网上参加由外教所教授的英语课。借助公司内人员力量的方法还有请前辈或懂英语的人员来授课，或者开展小组学习会等。

可以自己每天用短时间来完成的事，除了听广播以外，还有阅读英文报纸。同样是靠自己努力但需要完整的时间来完成的事，还有看英文电影等。

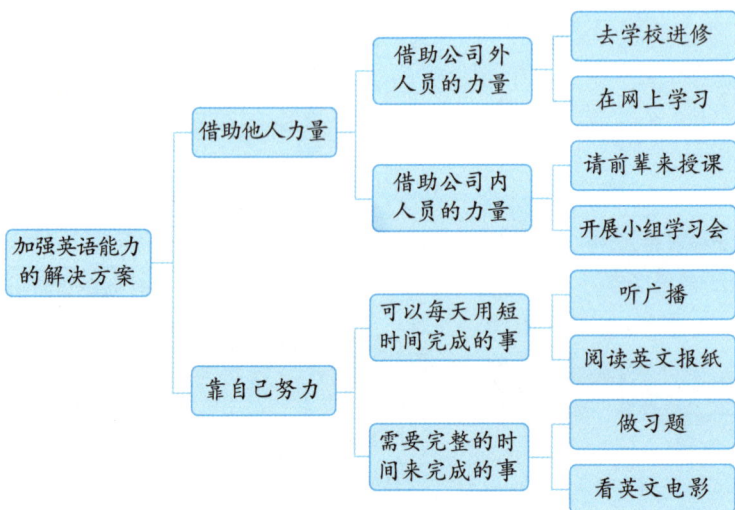

```
                                              ┌─────────┐
                                    ┌─────────┤去学校进修│
                          ┌──────────┐        └─────────┘
                     ┌────┤借助公司外│
                     │    │人员的力量│        ┌─────────┐
          ┌─────────┐│    └──────────┘────────┤在网上学习│
     ┌────┤借助他人力量│                       └─────────┘
     │    └─────────┘│    ┌──────────┐        ┌──────────┐
     │              └────┤借助公司内│─────────┤请前辈来授课│
┌─────────┐              │人员的力量│        └──────────┘
│加强英语能力│            └──────────┘        ┌───────────┐
│的解决方案│                               ───┤开展小组学习会│
└─────────┘                                   └───────────┘
     │              ┌──────────┐             ┌─────────┐
     │         ┌────┤可以每天用短│────────────┤听广播    │
     │         │    │时间完成的事│            └─────────┘
     │   ┌─────────┐│    └──────────┘        ┌──────────┐
     └───┤靠自己努力│                      ───┤阅读英文报纸│
         └─────────┘│    ┌──────────┐        └──────────┘
                   └────┤需要完整的时│         ┌─────────┐
                         │间来完成的事│─────────┤做习题    │
                         └──────────┘         └─────────┘
                                              ┌──────────┐
                                           ───┤看英文电影  │
                                              └──────────┘
```

　　远程办公的模式逐渐固定以后，你发现存在沟通机会减少的问题，希望进行改善。那么，有什么办法可以考虑呢？

解　答

　　首先，列举出几个偶然的想法。

· 决定出勤日
· 增加线上会议的次数
· 加长线上会议的时间

我们尝试列出了三个偶然的想法。

第一个想法是"决定出勤日"。这是基于想增加面对面沟通的机会，所以第一组成对的概念可以梳理为，在现实环境中工作或者在网络环境中工作。

```
┌──────────┐        ┌──────────┐
│ 在现实环境中 │ ◄───── │  决定出勤日  │
└──────────┘        └──────────┘
     │
     ▼
┌──────────┐
│ 在网络环境中 │ ─────►
└──────────┘
```

后面的线上会议次数增加以及时间加长，都是属于网络环境中的措施，因为与上述的概念相同，所以我们尝试考虑其他成对的概念。刚刚列举的次数与时间，都是关于量的增加，作为成对的概念，我们用量的提升以及质的提升作为一组。

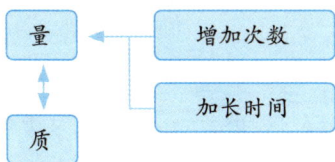

```
┌───┐     ┌─────────┐
│ 量 │ ◄── │  增加次数  │
└───┘     └─────────┘
  ▲         │
  │       ┌─────────┐
  ▼       │  加长时间  │
┌───┐     └─────────┘
│ 质 │
└───┘
```

整体思路梳理如下。

```
                   ┌─ 现实环境 ──────────── 决定出勤日
                   │
   加强沟通的措施 ──┤                      ┌─ 增加次数
                   │              ┌─ 量 ──┤
                   └─ 网络环境 ──┤        └─ 加长时间
                                  └─ 质
```

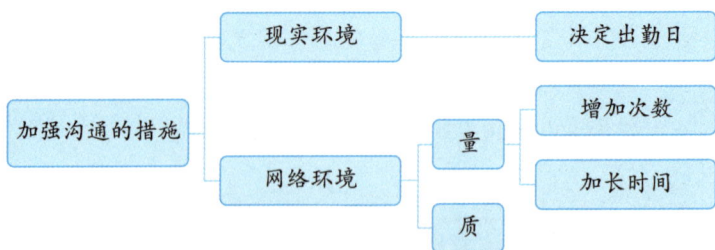

与刚才的例子一样，这样结构上有些不平衡。在现实环境中决定出勤日，是指决定每周的星期几到公司来，也就是决定常规日程，所以相对地探讨举办活动等也可以是一种方向。

```
                                           ┌─ 决定出勤日
                          ┌─ 常规 ────────┤
             ┌─ 现实环境 ─┤
             │            └─ 活动
             │
  加强沟通    │
  的措施 ─────┤                             ┌─ 增加次数
             │                    ┌─ 量 ──┤
             │                    │        └─ 加长时间
             └─ 网络环境 ────────┤
                                  └─ 质
```

这样整体思路的框架就确定了，接下来是填写空白格。

首先，关于现实环境的常规类措施，刚才已经有一个想法是决定出勤日。决定出勤日不一定是固定在某一天，或许可以决定出勤的天数，例如每周出勤两次。见面的可能性提高，就有可能增加沟通的机会。关于现实环境的活动类措施，可以考虑特别设置沟通日，举办一些仪式。

其次，关于网络环境中提升质量的措施，可以考虑的措施有在上线前做好充分的资料准备、对必要的内容进行集中的讨论，或者提升在网络环境中的引导能力，使线上工作的时间变得更有效率等。

把目前想出的办法总结出来以后形成下图。关于活动类的见面机会，最终只能想出一个对策。虽然设定了每类项目制定两个措施的目标，但如果确实想不出来，也不必勉强。重要的是在一定程度上较全面地提出对策，注意不要为了列出所有对策而花费过多的精力。

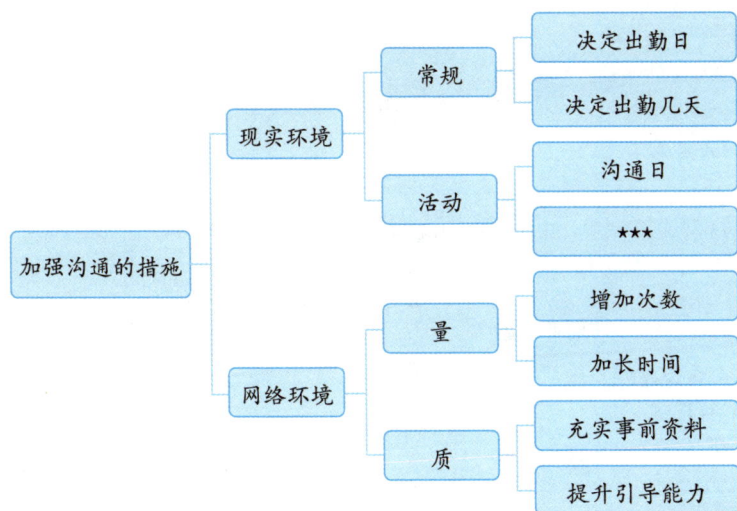

最后，思考一下应该选择什么概念以及以怎样的顺序来梳理。

我们在这里介绍的方法是一边意识到成对的概念，一边扩充选择项。因此，关于以哪些成对的概念去梳理以及如何去梳理思路的层次，是没有标准答案的。

实际上，如下图所示，在第一种排法和第二种排法中，从充分罗列各种状态的角度来说，应该在哪层放置量和质、在哪层放置现实环境和网络环境，其实都一样。也就是相当于2×2的矩阵，没有变化。

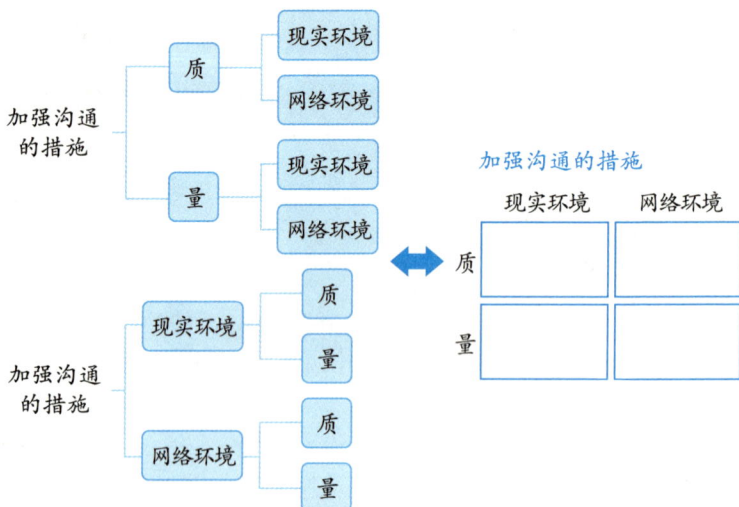

另一方面，如果思路是从左至右的，那么两者的意义有一些不同。

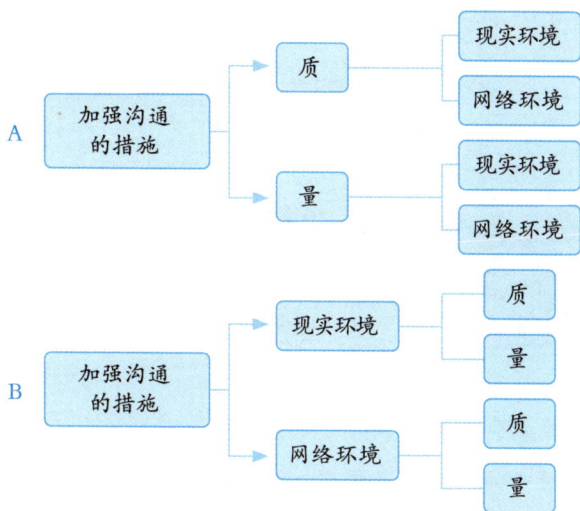

A是从区分质和量的角度去考虑加强沟通的措施，B是从区分现实环境和网络环境的角度去考虑加强沟通的措施。

哪一种区分能够更容易让人打开思路呢？相比一下子就要通过质和量来考虑加强沟通的措施，应该是区分现实环境和网络环境的思路更便于思考。建议大家把能够具体想象的分类放置在前面的分层，把抽象度较高的概念放置在后面的分层。如果先思考哪种都一样的话，那么孰先孰后都没有关系。

以上介绍的思路是以偶然想到的措施为起点，用成对的概念来考虑分类，在一定程度上保证全面性，同时进行扩充的解决方案。按照步骤来思考就已经达成了目的，其后就是从思考的便利性角度去决定选择什么概念以及分层的顺序等。

小结

- ✓ 重要的是不草率地确定解决方案
- ✓ 以偶然的想法为起点进行梳理
- ✓ 意识到成对的概念会很有帮助
- ✓ 可贵的不是找出所有，而是扩充内容
- ✓ 在思考把什么概念放在顶层时，要以是否便于打开思路为基准

第14讲

设定评价指标

全面罗列出解决方案以后，要选出合适的对策，这时我们需要的是评价指标。不过，跟第13讲说的一样，仅仅用偶然想到的评价指标来评价是危险的做法。那么，评价指标应该怎样确定呢？

你考虑换计算机，要新买一台，正苦恼于是买X公司的产品还是Y公司的产品。为了做决定，你按照自己所重视的内容，罗列出了判断指标。

首先，价格很重要。同时，在性能方面你比较注重速度，外观设计也是你在意的地方。另外，回想起目前使用的计算机屡次发生故障，为你带来了困扰，所以这次买新的你也会看重保养性能。

我们再看一个例子。明年的团队组编方案有两个，现在要决定选择哪一个。在考虑判断标准时，你以QCD（质量、成本、交付期）为基础，把哪一个方案更能出效果（质量）、哪一个成本更低、哪一个速度更快作为判断指标。

除此以外，团队的组成一旦改变，就无法轻易地恢复，从这点来说，考虑时就需要再慎重些。如果组编顺利固然是好，但也要考虑组编不顺利的可能性，所以你计划把风险也加入判断指标里面。

这两个例子的共通点是都有一些偶然的想法，而且在那之后都有思考是否应该增加评价指标。如上述例子，评价指标的设定可以分两个阶段来考虑，先尝试列出来，然后考虑追加，思考"有没有必须增加的评价指标"。

关键点1. 一开始是偶然的想法也没关系，先罗列出自己在意的评价指标

关键点2. 思考有没有必须增加的评价指标

1. 一开始是偶然的想法也没关系，先罗列出自己在意的评价指标

在买计算机的例子中，罗列出了"哪个的价格更低""哪个的运行速度更快""哪个的外观设计更酷炫"等评价指标。

在团队组编的例子中，罗列出了"哪个方案更能出效果""哪个方案成本更低""哪个方案速度更快"等评价指标。

2. 思考有没有必须增加的评价指标

计算机例子中的"保养性能"、团队组编例子中的"风险"是后加的评价指标。

应该用怎样的评价指标来进行判断，脑海中会有个大致的概念。但事实上，我们要判断的主题通常会有一些固有的因素需要考虑。一般来说，可以先把偶然的想法罗列出来，在此基础上思考在该相关主题中有没有需要增加的要素。

另外，我们也梳理一下与前面讲述的解决方案的罗列方法有什么不同。罗列解决方案时，是以偶然的想法为起点，以尽可能全面的角度进行扩充；相对地，本次介绍的评价指标，是以偶然的想法为起点，考虑"增加"的思路。

与解决方案的罗列方法相比，这里不追求全面性。这是因为现在考虑的是评价指标，基本上需要多少都可以列出来，本来就无法防止缺漏。换言之，请不要在这一点上白费力气。我们没必要拘泥于全面性，但是要考虑清楚有没有遗漏重要的指标。

先进行一次罗列，在此基础上再考虑清楚重要的指标，这样分两个阶段去思考的话，就能降低缺失本应把握的重要判断标准的可能性。考虑判断标准时，比起全面性更重要的是有意识地思考有没有遗漏重要的指标、有没有必须增加的指标。

标准A
标准B
标准C
·
·
·

因为标准是"标尺"，所以难以要求无遗漏
因此，重要的不是全面性
而是思考有没有漏掉重要的指标

练习题

　　因为远程办公已经成为主要的工作模式，所以你考虑搬到稍微远离市中心的地方居住。那么，需要考虑怎样的判断标准呢？

解　答

　　首先，可以先从偶然的想法开始，把自己关心的评价指标罗列出来。

　　远程办公必须具备网络环境，因此首先要保证网络通信环境良好；此外，虽然上下班的必要性大大降低了，但每个月很可能仍有多次去市中心的需要，所以你对去往市中心的交通也很关心；还有就是，难得远离市中心，所以自然环境好坏也是考虑的重点。

接着，要思考需要增加的评价指标。

已经罗列出来的评价指标有"网络环境是否良好""去往市中心有没有交通接驳""自然环境是否优美"。

有没有其他的评价指标也需要考虑呢？如果你是单身的话，可能考虑这些就足够了；但如果你有伴侣的话，还需要确认伴侣的意愿。

另外，如果要考虑孩子相关的情况，那么还有必要增加"育儿环境是否良好"等评价指标。如上所述，如果有与评价相关的人员在，那么也要充分地考虑相关人员的判断标准。

如果你是商务人士，要在组织中进行评价的话，很多时候就要考虑自身以外的相关人员的判断标准。至少从职位的角度和从部门的角度出发考虑的判断标准是不同的。

从职位的差异来看，只看项目A就可以的工作负责人和需要与邻组的项目B作对比的上司，或者是只以现时为中心去考虑的工作负责人和需要考虑过去发展至今的轨迹、考虑未来三年情况的上司，他们的标准是不一样的。根据业务范围、时间范围的不同，判断指标也会不同。

另外，组织本来就是根据绩效最优的目标而设计的，所以不同的组织重视的判断标准也不同。

虽然有时需要自己单独进行评价，但工作中是无法与他人脱离关系的。一般来说，自己与他人的判断指标很可能会存在差异，请大家在理解这一点的基础上，考虑到他人会着重对什么进行评价，然后再设定必要的评价指标。

标准A ┐
标准B ┘ 对于自己来说
　　　　很重要 ┐
　　　　　　　　对于自己来说很重要的标准与
标准C ┐　　　　对于对方来说很重要的标准
标准D ┘ 对于对方来说 ┘ 很多时候会不一样
　　　　很重要

STEP UP!

你正在考虑从东京去福冈的交通方式是选择飞机还是新干线。

首先，马上想到的是"哪种更便宜（费用）""哪种更快速（时间）""哪种的班次更多（灵活性）"这三个标准。

还要考虑的是，在移动的过程中，由于工作较多，希望在途中也可以处理工作，所以在评价标准里面增加了"选择哪种方式更便于处理工作（效率性）"。

· 哪种更便宜（费用）

· 哪种更快速（时间）

· 哪种班次更多（灵活性）

· 哪种更便于处理工作（效率性）

下面我们设置一些限定条件。

例如，假设"必须在三小时内到达目的地"，这样的话，第二点的时间就会变成重要的标准，基本上可以排除新干线的选项。另外，假设我们"无法预计什么时候可以出发"，那么，第三点的灵活性就很可能变成非常重要的标准了。

再如，如果"台风逼近，所以需要确保能够成行"是必要条件，那么刚才没有提及的"哪种方式能够确保成行（确定性）"就要增加到标准里面，这个标准会对选择产生很大的影响。

我们回顾一下刚才思考的内容，最终考虑出来的五个判断标准如下。

· 费用方面，哪种更便宜（费用）
· 时间方面，哪种更快速（时间）
· 班次方面，哪种班次更多（灵活性）
· 工作方面，哪种更便于处理工作（效率性）
· 哪种方式能够确保成行（确定性）

与其他的评价指标相比，如果有限制到达目的地的时间，那么第二点的时间更重要；如果重视随机应变的话，那么第三点的灵活性更重要；如果有台风，那么第五点的确定性更重要。

这说明,"标准不是完全对等的"。换句话来说,就是"主导性标准 = 该标准会对选择产生很大影响"。因此,罗列判断标准很重要,但罗列出来以后,重点是确认清楚有没有主导性标准。

最后,请看以下例子。这些是在企划竞赛中用于判断采用哪个企划方案的评价标准。

- 是否能在期限内完成(交付期)
- 是否包含了必需的事项(内容)
- 是否具备独特性(独特)
- 是否可实施(实施可能性)
- 需要什么程度的费用(成本)

有五个评价标准,但最开始的两个与其他三个意义不同。是否能在期限内完成以及是否包含了必需的事项,是在评价以前必须满足的作为前提的标准。

在满足了前提的标准以后,再根据用于选择的第三个至第五个评价标准,决定采用哪个企划方案。因此,虽然乍看之下这五个标准是并列存在的,但里面混合了前提的标准以及用于评价的标准。

如上述例子,如果评价标准并排列举,那么很有可能被理解为相同定位的标准,但大家要知道,标准也分不同的类别。

标准Z   ◄──────（作为前提的标准）

标准A
标准B
标准C   ◄──────（主导性的标准）
标准D
标准E

小结

- ✔ 判断标准首先要尝试罗列出来，哪怕是偶然的想法
- ✔ 在此基础上思考有没有必须增加的标准
- ✔ 在组织里，很多时候需要增加他人的标准
- ✔ 标准有时候不一定是对等的地位
- ✔ 要理解标准也分不同的种类

第15讲

决定决策方法

列出了选择项，设定了评价指标，便准备要进行选择了。最后，剩下非常重要的工作，就是决策＝决定。那么，具体如何去"决定"呢？需要留意哪些地方呢？

你被委任负责公司职员集训的事宜，最终的备选地点剩下"箱根"和"八岳"，现在要评价哪个更好并进行提案。你考虑了评价指标，罗列出以下四点。

· 哪个地方更便于集中进行讨论（效果）
· 哪个地方价格更低（成本）
· 哪个地方更近（便利性）
· 哪个地方可以在周边游玩（活动）

假设在"箱根"预留的住宿地点的会议室以及网络条件齐备，讨论的环境比"八岳"的住宿点更优；成本方面，两者相同；便利性方面，同事们大多住在市中心附近，所以"箱根"更加方便；活动方面，"八岳"的游玩资源更加丰富。

如果评价好＝3分，一般＝2分，把每个评价指标量化的话，计算结果如下。

	箱根	八岳
效果	3	2
成本	2	2
便利性	3	2
活动	2	3
合计	10	9

因为合计分数是"箱根"更高，所以你把"箱根"作为备选地点进行提案。

关键点1. 根据每个评价指标进行评价
关键点2. 计算合计分数

1. 根据每个评价指标进行评价

根据每个评价指标，对选择项逐一进行评价。这里要考虑两点：评价指标作为一个指标是可以的，但要定义清楚"根据什么选定这个指标"，以及评价的标准是怎样的。

首先关于定义。本次我们在评价效果的时候，以"能够集中进行讨论"为标准，把会议室和网络环境等要素作为评价对象。除此以外，会议室是否有"多个"可用、投影仪等用品是否齐全等要素也可以考虑。

另一方面，如果目标效果是"形成整体感"，那么会议室的必要条件就与刚才不同，大家能否汇聚一堂将成为重点考虑对象。作为评价指标，列举出"效果"这一项很容易，但仅仅这样是不充分的，"效果具体是指什么""用什么要素来评价"，这些都需要具体考虑。

关于如何评价，也需要有标准。有一种思路是给更有优势的一方加分，也有一种思路是对满足了一定标准的要素给予相同的评价。

在刚才的例子中，便利性方面，因为箱根离市中心更近，所以视作更加便利。这就是给更有优势的一方加分的思路。另一方面，假设从市中心到两个地点的用时分别是两小时和三小时，而只要在三小时以内就算作同等条件，那么对两个地点的评价就没有差异。我们需要思考如何去设定评价的标准。

2. 计算合计分数

根据每个评价指标进行评价以后，就要进行量化，计算合计分数。这里的关键点是如何对评价指标进行量化。

刚才设定评价分数为：好 ＝ 3分、一般 ＝ 2分，而如果设定评价分数为：好 ＝ 3分、一般 ＝ 1分的话，评价为好的项目越多被选中的可能性就越大。另外，刚才评价时分为好和一般这两个等次，其实也可以分为非常好、好、普通这样的三个等次。要考虑好每个等次的评价可以得几分、应该分为几个等次进行评价。

练习题

解决某个问题的方案有两个，分别是方案A和方案B，从效果、成本、速度、风险这四个评价指标进行评价的结果合计是同分，难以分出高低。现在需要在这个状态下决定采用哪个方案，如果是你的话，会如何决定呢？请进行思考。

	A	B
效果	5	3
成本	1	3
速度	5	3
风险	1	3
合计	12	12

有几种考虑方法。

例如，如果效果是最重要的，那么可以采取着重考虑它的思路。将每个项目的评价标准量化、进行合计的方法，其前提是"效果""成本""速度""风险"这四个评价指标的权重是相等的。如果在四个指标之中最重视的是效果，那么可以只对效果的分数乘以1.5之后进行评价。

	A	权重	A	B	权重	B
效果	5	× 1.5	7.5	3	× 1.5	4.5
成本	1	× 1	1	3	× 1	3
速度	5	× 1	5	3	× 1	3
风险	1	× 1	1	3	× 1	3
合计	12		14.5	12		13.5

还有一种跟刚才的思路相近的方法是从指标中选出重要项目。两者的不同之处是，前一种方法是突出有积极影响的要素，而后一种方法是有针对性地评价负面要素。

在这里，可以使用尽量回避"风险"的考虑方法，避免最坏的情况发生。

虽然最终是只看重一个评价指标，但从流程上说，并不是一开始就以这一项来断定结论，而是根据两个方案不相上下的情况进行考虑的。这里并没有直接只用"风险"来进行评价。

	A	B
效果	5	3
成本	1	3
速度	5	3
风险	1	3
合计	12	12

最后，我们想想可以决定选方案A还是方案B的新评价指标。

因为方案B各方面得分都很均衡，所以选择方案B也是一种思路。到目前为止，我们设置了"效果""成本""速度""风险"这些评价指标，对方案A和方案B分别进行了评价，但此前的评价指标里面没有"表现是否均衡"这个标准。也就是说，现在要设定新的评价指标去决定选择方案A还是方案B。

	A	B
效果	5	3
成本	1	3
速度	5	3
风险	1	3
合计	12	12
均衡		◎

根据每个评价指标进行评价、量化并计算合计值，这从程序上来说很简单，但对评价指标如何定义、如何量化、如何分配权重等，要考虑的因素涉及很多方面。

最后，为大家介绍一下利用期望值和概率来进行决策的方法。

现在有A计划和B计划，根据环境变化程度的不同，预测的效果会不一样。

A计划是配合变化的环境而制订的计划，如果环境变化较大，成果值就会有500；如果环境变化没那么大，成果值就只有100。

B计划是能够应对环境变化的措施，如果环境发生了变化，那么虽然达不到A计划的成果值500，但是成果值也有400；另外，即使环境没有太大的变化，成果值也有300。

我们从左边开始，按照发生的顺序来表示。首先有A计划和B计划，所以分成两个选项。其次，在分别选择了这些计划以后，环境既有可能"变化"，也有可能"不变化"，所以可以生成下一个分支。最后，把这四种状态的成果记录下来，准备就完成了。

成果值500　　选择A计划、环境变化时的成果

成果值100　　选择A计划、环境没有变化时的成果

成果值400　　选择B计划、环境变化时的成果

成果值300　　选择B计划、环境没有变化时的成果

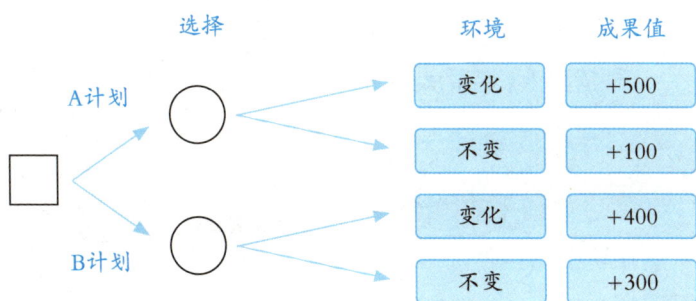

	选择		环境	成果值
A计划	○	→	变化	+500
		→	不变	+100
B计划	○	→	变化	+400
		→	不变	+300

接着，我们考虑环境变化与否的概率，把采用A计划或B计划时的期望值计算出来。

假设环境变化的概率是50%，那么

A的期望值是 $500 \times 50\% + 100 \times 50\% = 300$

B的期望值是 $400 \times 50\% + 300 \times 50\% = 350$

因此，B的期望值更高，考虑选择B计划。

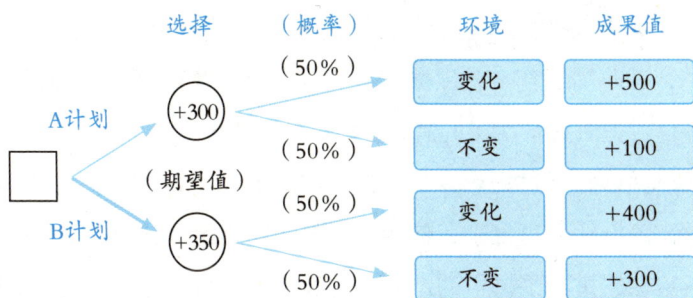

	选择	（概率）	环境	成果值
A计划	+300	（50%）	变化	+500
		（50%）	不变	+100
	（期望值）	（50%）	变化	+400
B计划	+350	（50%）	不变	+300

假设环境变化的概率是70%，那么

A计划的期望值是 $500 \times 70\% + 100 \times 30\% = 380$

B计划的期望值是$400 \times 70\% + 300 \times 30\% = 370$

这种情况下，结论是选择A计划更好。

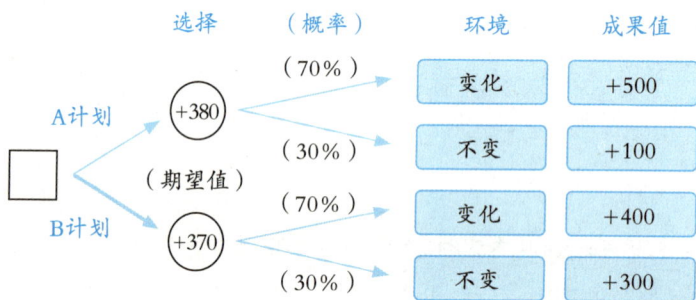

这种被称为决策树（Decision Tree），是有意识地把可能发生的事件分为选择事件（可以控制的事件）与概率事件（无法控制的事件）并全面地罗列出来，根据期望值来进行决策的方法。

关于最终的状态如何量化、可能发生状态的概率如何设定，有时需要花一些工夫才能确定，但请先理解这是为了以量化的方式进行决策的其中一种手法。

另外，反过来看，如果最终状态的量化值和概率都能确定，那么即使再复杂，使用计算机也可以轻易地计算出来。运用在象棋和围棋中的AI技术的背后就蕴藏了这个决策树的思路，这种方法今后还有更多可运用的地方，建议大家先理解思路。

小结

✔ 考虑清楚评价指标如何定义

✔ 关于如何量化，也要考虑权重配置

✔ 决策的决定方法也有多种

✔ 有时候还需要明确决策的标准

✔ 要了解决策树（Decision Tree）的方法

为决策做准备

应该对什么问题采取对策，汇集要求然后做决定也是一种方法。为此，有一种方法是"问卷调查"。实际收集信息以后，根据收集的结果可以明确应该对什么问题采取对策。那么，要进行决策的话，可以做哪些准备工作呢？

你负责担任某家旅馆的运营咨询顾问工作，对方希望制定今后的改善对策，所以委托你制作问卷以便进行调查。那么，你会如何设计问卷呢？

你在思考应该收集顾客的评价时，首先想到的一点是构成旅馆的要素，例如客房、设施等硬件方面的评价；其次是餐饮和服务等，旅馆提供的软件方面。

另外，围绕时间轴，可以把握顾客入住前后发生的情况，包括"预约"和"结账费用"。除此以外，还有到达旅馆的交通、周边的环境等可以列入评价对象的项目，但我们先把范围限定在容易控制的上述六个项目。

要评价的要素已经罗列全了，接着要考虑进行调查的方法。为了后续进行量化分析，如果能够以数值的形式获取调查结果会比较有利。应该分为几个等次的评价需要决策，本次我们采取常用的5个等次的设计。

另外，也要设置"其他"栏，让顾客可以自由填写定性的意见。如果只有决定调查的项目，就无法获取顾客对其他要素的反馈意见。从广泛倾听顾客声音的角度出发，决定设置填写定性内容的"其他"栏。

设计完成的问卷如下图所示。

	非常满意 5	满意 4	一般 3	稍微不满意 2	不满意 1
预约	☐	☐	☐	☐	☐
餐饮	☐	☐	☐	☐	☐
客房	☐	☐	☐	☐	☐
设施	☐	☐	☐	☐	☐
服务	☐	☐	☐	☐	☐
费用	☐	☐	☐	☐	☐
其他					

关键点1. 全面列出评价要素

关键点2. 思考问卷调查的方法

关键点3. 检查问卷长度

1. 全面列出评价要素

针对什么内容进行评价，要全面列出评价要素。如果只是随意列举，就会变成单纯的罗列，所以要形成习惯去评估哪些是重要的要素、思考相关要素的意义、想想是否在一定程度上较全面地覆盖了各个方面。

在本次的例子中考虑的六个项目，如下图所示。

入住前	入住期间	退房时
预约	硬件 客房 设施	费用
	软件 餐饮 服务	

按照时间顺序，思考顾客入住前、入住期间、退房时有哪些情况需要把握。同时，对可能产生最大影响的入住期间的要素分类，仔细区分硬件、软件的范畴，把握情况。

2. 思考问卷调查的方法

如果能够以数值进行确认，将会便于进行统计和比较。

以数值的形式获取信息时，要考虑好应该设置几个等次的评价以及把评价等次设置为奇数个还是偶数个。

首先，关于设置几个等次、设置多少为合适，实际上可以一边想象评价分数一边去考虑。一般来说是5个等次，或者为了详细调查而分为7个等次，这些都比较常见。想要更详细的话分为9个等次进行评价也不是不可以，但是要考虑一下6分、7分、8分的差异有没有意义，以及实际上人们从感觉上能否区分6分、7分、8分的差异来进行评价，再判断是否需要分为9个等次。

关于等次的奇偶个数设置，如果设置为奇数个的话，由于选择正中间的中立选项的人会增加（这称为中心化趋势），所以难以判断是评价为好还是坏。为了能够清晰地辨别好、坏，也有设置成4个等次或6个等次的考虑方法。

此外，设置"其他"项目，让人可以自由填写内容，这也是一种手法。如果没有"其他"栏，那么不管是好的地方还是不好的地方，只要是我们没有留意的要素，相关信息就无法获取。自由填写可以增加自由度，这样就能够广泛倾听顾客的声音。

3. 检查问卷长度

最后，要检查问卷的长度，确认大致需要多长时间回答问卷。要检查一下问卷是能够轻松完成填写，还是需要填写人花费一些时间。

　　一般来说，如果问卷填写的负担重，回收率就会下降。如果对回收率有一定的要求，就要提前确认问卷是否太长、是否需要填写人花费太多时间。

　　另一方面，也有一种思路是重视问卷调查的内容，即使回收率稍微下降也要保证内容充实。基本来说，还应该结合问卷调查的目的来思考在什么时间点进行调查、是采用纸版还是网络调查的方法等。

　　以下是通常需要留意的与时间等有关的其他一些事项。

・是否受调查时间点影响（季节偏差）
・是否被最近的印象所左右（近期效应）
・是否被大体的印象所左右（成见效应）

目的 时间点 媒介／方法 形成多大负担	×	设置几个问题 问什么内容（要素） 怎么问 （量化：等次数、奇偶、定性）

实施问卷调查之后，得出了以下的结果。请思考应该改善哪些项目。

	前年	去年	今年
预约	3.5	3.7	3.9
餐饮	3.5	4.1	4
客房	4.8	4.8	4.5
设施	4	3.9	4
服务	4.5	4.2	4.5
费用	3.8	3.8	3.8

解　答

可以考虑的思路有，着眼于今年的评价，"对分数最低的项目进行改善，重新审视费用设定"，或者"设定基准值，对未达到基准值的项目进行改善"。

又或者是，以未达到4分的项目为对象，对费用和预约方面采取对策，同时强化优势，进一步提升客房和服务的评分。

	前年	去年	今年
预约	3.5	3.7	3.9
餐饮	3.5	4.1	4
客房	4.8	4.8	4.5
设施	4	3.9	4
服务	4.5	4.2	4.5
费用	3.8	3.8	3.8

此外，还可以考虑根据此前的推移，"对曾经是强项但分数下滑的客房采取对策""预约方面虽然评价不高，但逐年有改善，所以先维持现状""对稳定在低分数的费用和设施采取对策"等。

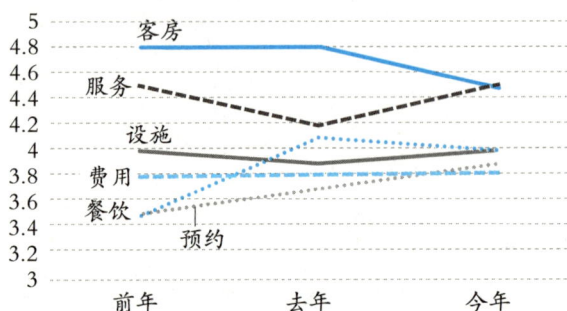

最终要聚焦在哪些项目上，需要根据评价标准进行选择。要充分考虑怎样的标准比较恰当，再决定对哪个要素实施对策。

在思考应该对哪些项目采取对策时，也可以通过项目之间的对比来决定，但我们要想想，能否多花一些工夫？

在考虑应该对哪些项目采取对策时，如果无法对所有项目采取对策，那么就从那些对业绩产生最大影响的项目入手。对于旅馆来说，什么是直接关联业绩的要素呢？顾客是否再次光顾就是重要的要素。我们可以确认一下刚才的问卷评价内容与回头率的关联性。

试想一下，今年评分为4分的餐饮和设施之中，应该对哪个项目进行改善？

餐饮与设施的问卷调查分数以及问卷填写人是否再次光顾（1代表有1次或以上的再次光顾，0代表没有再次光顾）的信息如下表所示。餐饮和设施之中，可以推测哪一项与回头率有关联性呢？

餐饮	再次光顾		设施	再次光顾
5	1		5	1
3	0		3	0
4	1		4	1
3	0		3	0
5	1		3	1
4	1		5	1
3	0		4	0
5	1		4	1
4	0		3	0
5	1		4	1
4	0		5	0
3	0		5	0

我们尝试进行简单的重新排序。

餐饮	再次光顾		设施	再次光顾
5	1		5	1
5	1		5	1
5	1		5	0
5	1		5	0
4	1		4	1
4	1		4	1
4	0		4	1
4	0		4	0
3	0		3	1
3	0		3	0
3	0		3	0
3	0		3	0

转化为图的话，如下图所示。那么哪一个项目对回头率影响更大呢?

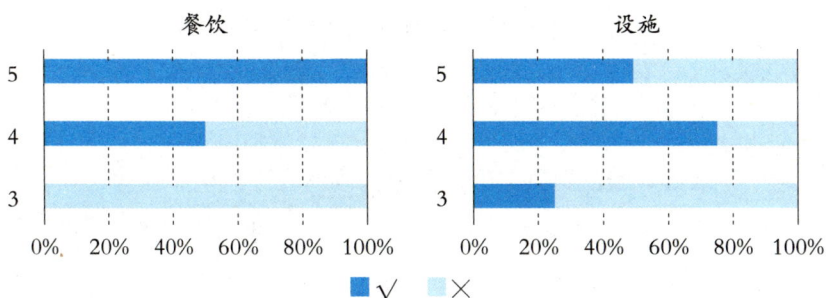

	餐饮	设施

我们知道，对餐饮方面评价高的人都会再次光顾。另一方面，对设施评价高的人里面，有半数以上没再光顾，相反，评价低的人却有再光顾，尽管不占多数。

所以，顾客对设施的评价与回头率没有直接的关联性。如果要问餐饮和设施之中哪一项对提高回头率有帮助，那么可以推断是餐饮更能起作用。

如上所述，在各种要素中，有些项目是评价高的人会再次光顾，有些项目则是评价高的人也不一定会再次光顾。

从图表来看，如左图，有的项目，再次光顾的人多数评分较高；有的项目则看不出分数与是否再次光顾的关联性。为了从数值上进行充分分析，也可以尝试计算餐饮与回头率、设施与回头率的相关系数。通过重新排序、转化为图表等方法就能够看出趋势。

如刚才所说明的那样，仅根据评价结果来设置基准，考虑对哪个项目采取对策虽然符合常理，但只凭"问卷调查"就下定结论是不够严谨的。为了找出对业绩提升有直接影响的项目，要结合与业绩提升相关的"数据"（在本次例子中就是"是否再次光顾"）一起进行评价，请大家记住这个方法。

最后，我们再回到问卷调查。刚才已经说明，在考虑从哪个项目着手改善时，要结合回头率的信息来进行评价，但如果想用这个方法，却收集不到关于顾客是否再次光顾的信息的话，就无法评价。可能至少要经过几个月的时间才能确认到这些信息。

那么，这样是不是就无法完成问卷调查的研究呢？

其实，可以在问卷的最后加入"下次是否还想光顾"等调查要素。也就是说，可以设置问题询问顾客未来的计划、想法。实际上我们不知道顾客是否真的会再次光顾，但至少能够确认他们的意向，还可以加入"是否会向家人或朋友推荐本店"等项目。

调查问卷的项目没必要只针对现状设置评价要素。通过设计问题询问顾客面向未来的想法，会得到附加的信息，帮助我们思考从哪个项目着手改善。希望大家形成习惯，全面地思考怎样做可以对决策有帮助。

		非常满意 5	满意 4	一般 3	稍微 不满意 2	不满意 1
现状的评价	预约	☐	☐	☐	☐	☐
	餐饮	☐	☐	☐	☐	☐
	客房	☐	☐	☐	☐	☐
	设施	☐	☐	☐	☐	☐
	服务	☐	☐	☐	☐	☐
	费用	☐	☐	☐	☐	☐
未来的想法	还希望再 次光顾吗	☐	☐	☐	☐	☐

其他 _____

小结

✔ 设计几个问题、定量还是定性、分几个等次等角度是关键

✔ 以上问题取决于原本的目的与调查方法等之间的关联性

✔ 关键是能否选出可能对业绩产生影响的要素

✔ 结合其他数据来分析

✔ 也要设计出询问未来想法的项目

第5章
为了进展顺利，思考"窍门"

．．．．．．．．．．．．．．．．．．．．．．．．．．．．．．．．．．

　　解决问题的过程要运用一系列的"模型"，也就是思考的步骤。从第1章到第4章，我们学习了每一个步骤具体应该做什么，最后一章学习的是每个步骤的难点，具体来说就是学习每个步骤中有什么窍门。本章将会介绍在各种繁杂的数据中应该着眼于哪里、已经理解的内容如何在下次活用起来、在一连串的流程中如何避免迷失、怎样可以一边奔跑一边思考这四方面的窍门。

要意识到两种数字

人们一拿到数据，总是想尽早地开始分析，而且很多时候会想方设法把手上的数据都拿去用。这里面有个陷阱。有些数据是先看了会更好，有些数据则是先不看会更好。为了不在数据的森林里迷路，应该注意些什么呢？

　　你查询销售一科至三科去年和今年的业绩，发现销售一科、二科去年和今年的销售额都是1000万日元。另一方面，只有销售三科的销售额从去年的1000万日元大幅提升到今年的1500万日元。

	去年	今年
一科	1000万日元	1000万日元
二科	1000万日元	1000万日元
三科	1000万日元	1500万日元

　　为了探究大幅提升的原因，你尝试进一步收集信息，以下是收集到的三个信息。

首先是每人每月的平均加班时间。表1表示销售一科至三科的平均加班时间。比较后发现，只有销售三科比去年有所增加，可以推测销售三科全科齐心协力，加班努力推进业务，最终达成了今年的业绩。

表1

加班	去年	今年
一科	10小时/人	10小时/人
二科	10小时/人	10小时/人
三科	10小时/人	15小时/人

其次是研讨会的参加人数。观察表2发现，只有三科的参加人数有所增加。因此，也可以推断是研讨会发挥了作用，对业绩提升有所帮助。

表2

研讨会	去年	今年
一科	10名	10名
二科	10名	10名
三科	10名	15名

最后是新增订单的和既有订单的销售额明细。只有三科成功地提升了新增订单的销售额。因此，也可以认为三科销售额增加的原因是新增订单的增长。

表3

新增·既有		去年	今年
一科	新增	500万日元	500万日元
	既有	500万日元	500万日元
二科	新增	500万日元	500万日元
	既有	500万日元	500万日元
三科	新增	500万日元	1000万日元
	既有	500万日元	500万日元

现在我们稍作思考。

经过信息整理，关于三科业绩增长的原因，有"加班增加了""参加了研讨会""新增订单增加了"三个参考信息。实际上，"新增订单的增加"跟其他两个信息的意义是不一样的。

加班和研讨会有可能是销售额增长的原因；但新增订单的增加是一个结果，这是为了了解销售额增加的情况，进行分解后显现出来的情况，并不是原因。

与此相比，加班是指加班时间，通过销售额的分解看不出来；同样，研讨会是指研讨会的参加人员，也不是通过分解销售额能看出来的数字。梳理的结果如下图所示。

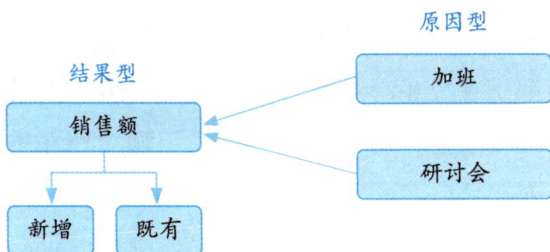

如上述梳理的结果所示，加班时间和参加研讨会的数字不是"销售额"。另一方面，新增订单、既有订单是从销售额中分解出来的数字。如果只是把"数字"并排起来比较，人们往往会在没有识别其差异的情况下，理解为"相同性质的数字"，就开始进行分析。

单纯当作
"数字"来看

表1

加班	去年	今年
一科	10小时/人	10小时/人
二科	10小时/人	10小时/人
三科	10小时/人	15小时/人

表2

研讨会	去年	今年
一科	10名	10名
二科	10名	10名
三科	10名	15名

表3

新增·既有		去年	今年
一科	新增	500万日元	500万日元
	既有	500万日元	500万日元
二科	新增	500万日元	500万日元
	既有	500万日元	500万日元
三科	新增	500万日元	1000万日元
	既有	500万日元	500万日元

看到数字以后，首先要判断它是结果型的数字还是原因型的数字。在此基础上，先根据"结果型的数字"充分理解正在发生什么情况，其后再分析"原因型的数字"。数字本身不会告诉我们它属于哪一种性质，所以要多加留意。

182

关键点1. 明确是结果型数字还是原因型数字

关键点2. 首先分析结果型数字，确认正在发生的情况

关键点3. 在此基础上思考原因型数字与结果型数字的关联性

我们用刚才的例子来进行确认。

1. 明确是结果型数字还是原因型数字

表1 加班	去年	今年
一科	10小时/人	10小时/人
二科	10小时/人	10小时/人
三科	10小时/人	15小时/人

表2 研讨会	去年	今年
一科	10名	10名
二科	10名	10名
三科	10名	15名

表3 新增·既有		去年	今年
一科	新增	500万日元	500万日元
	既有	500万日元	500万日元
二科	新增	500万日元	500万日元
	既有	500万日元	500万日元
三科	新增	500万日元	1000万日元
	既有	500万日元	500万日元

　　表1是加班时间，这是无法从销售额中分解出来的原因型数字。表2是研讨会的参加人数，也是无法从销售额中分解出来的原因型数字。表3把销售额划分为新增订单、既有订单的数据，是从销售额中分解出来的结果型数字。

原因型

结果型

销售额 ← 加班

销售额 ← 研讨会

新增 既有

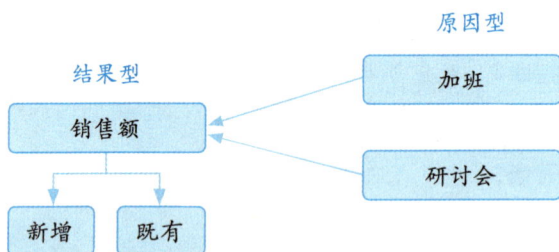

2. 首先分析结果型数字，确认正在发生的情况

我们已经知道表1和表2是原因型数字。所以接下来，要利用表3来确认正在发生的情况。从表3得知只有三科的新增订单有所增加。

表3

新增·既有		去年	今年
一科	新增	500万日元	500万日元
	既有	500万日元	500万日元
二科	新增	500万日元	500万日元
	既有	500万日元	500万日元
三科	新增	500万日元	1000万日元
	既有	500万日元	500万日元

3. 在此基础上思考原因型数字与结果型数字的关联性

最后，我们试想一下新增订单增加的原因有没有可能是加班的增加和参加了研讨会。

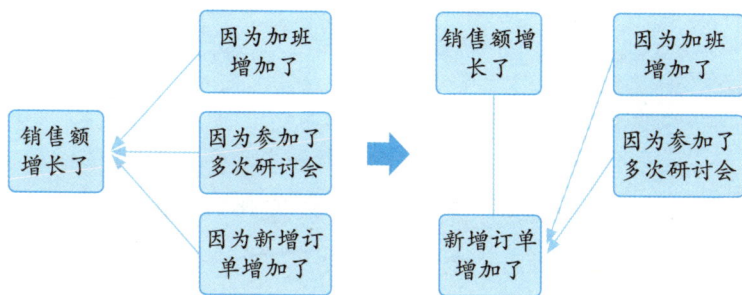

正确的做法应该是再进一步详细调查新增订单的增长情况，如果新增订单的增加不是因为偶然增加了一个大客户的订单，而是因为增加了10家新客户，就可以推测加班和参加研讨会可能起了作用。

如果单纯就收集到的数字来解释，很可能会像上述左图那样理解，希望大家能够区分清楚原因型和结果型的数据，像上述右图一样把握清楚事实情况。

你负责人事工作，随着事业规模的扩大，今年需要比去年招聘更多的应届大学生。经过努力，对比去年招聘50人的实绩，今年得以大幅增加至100人。在调查为何能够翻倍时，你收集到了三个数据，分别是每人面试的次数、广告的次数和内定率。那么，应该怎样逐步去思考原因呢？（为了使这个例子单纯一些，我们假设内定者已全员入职）

	去年	今年
内定者	50人	100人
二科	10人	10人

表1

	去年	今年
面试次数	5次	3次

表2

	去年	今年
广告次数	10次	20次

表3

	去年	今年
内定率	20%	40%

解 答

首先，明确这些数据是结果型数字还是原因型数字。

表1是面试的次数，表2是广告的次数，这些都是跟内定者人数不同的数字。对内定者人数进行分解后无法得出这些数字，因此它们是原因型数字。

表3的内定率无法通过分解内定者人数得出，但是与内定者人数相关。应聘者人数 × 内定率 = 内定者人数，基于这一点考虑，可以认为这是结果型数字。

接下来，首先观察结果型数字，确认发生了什么情况。

如上述公式应聘者人数 × 内定率 = 内定者人数，可以从内定率反向计算出应聘者人数。

去年有50人合格，内定率是20%，所以相当于有250人应聘；今年有100名内定者，内定率是40%，所以相当于同样有250人应聘。于是，通过表3可以推导出以下的信息。

	去年	今年
应聘者人数	250人	250人
内定者人数	50人	100人

由此得知，去年与今年的应聘者人数相同，而内定者人数有所增加。

最后，我们来思考原因型数字和结果型数字的关联性。

首先，看原因型数字。面试次数减少与内定者人数增加是否存在因果关系呢？有可能因为面试通过的难度降低了，所以有较多的人通过筛选留了下来。这样看来，很有必要去思考面试基准等要素的设计是否恰当。

其次，看看广告的次数是否对内定者人数的增加有促进作用。因为应聘者人数没有增加，所以可以认为增加广告次数以后，并不能促进应聘者人数的增加。

另一方面，内定者人数的增加也可能是因为前来应聘的对象人群的素质有所提升。有一种可能性就是，本次通过增加广告次数，成功地打动了平时很难打动的对象人群。

哪一种才是实际发生的情况，需要进一步详细调查才知道。而这里要强调的重点是，要充分把握并思考收集到的数字之间存在什么关联性。

关于内定者人数的增加，在收集到面试次数、广告次数、内定率的数据以后，不要急着马上去思考它们产生了什么影响，重要的是先区分、整理清楚原因型数字和结果型数字，看清结果和原因。

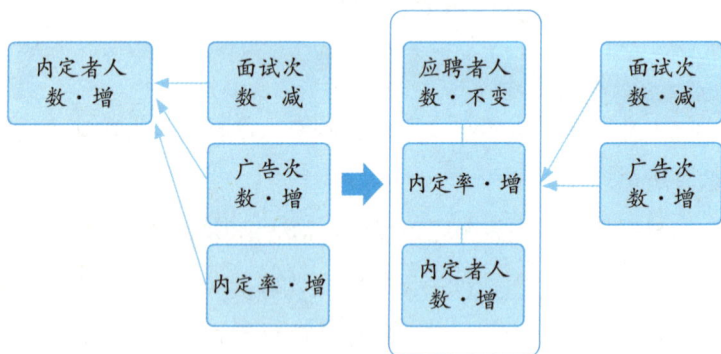

![STEP UP!]

最初得到的数据如果是"结果"，就可以从分解结果数据开始入手，因为这样的做法更有利于理解正在发生的具体情况；而如果能够更具体地理解正在发生的情况，就可以锁定发生原因，进行具体化分析。

同时，请记住去寻找能够支持这个原因的数据。在这个情况下，因为是有目的地去找数据，所以能自然而然地观察从结果至原因的数据。

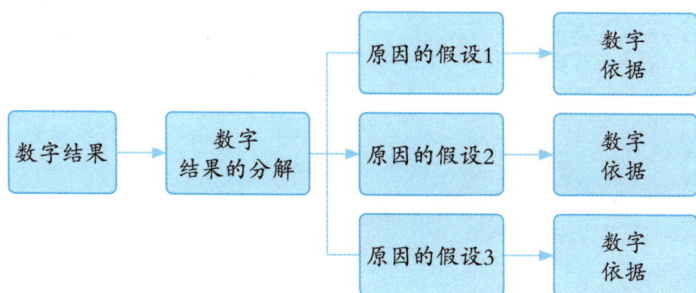

```
┌────────┐    ┌────────┐         ┌──────────┐    ┌────────┐
│ 数字结果 │───▶│  数字   │────┬───▶│ 原因的假设1 │───▶│  数字   │
└────────┘    │ 结果的分解 │    │    └──────────┘    │  依据   │
              └────────┘    │                    └────────┘
                            │    ┌──────────┐    ┌────────┐
                            ├───▶│ 原因的假设2 │───▶│  数字   │
                            │    └──────────┘    │  依据   │
                            │                    └────────┘
                            │    ┌──────────┐    ┌────────┐
                            └───▶│ 原因的假设3 │───▶│  数字   │
                                 └──────────┘    │  依据   │
                                                 └────────┘
```

另一方面，有时候结果的数字和支撑原因的依据数字可能会混在一起。如果发生这种情况，首先要区分是结果型的还是原因型的数字。要认真观察结果型数字，在此基础上，尝试观察原因型数字。此外，初期获取的信息有可能只是当时偶然发现的，所以也要考虑是否需要增加其他必要的数据。

Step1
将数据划分为结果
和原因

数字1 结果	数字2 结果	数字3 原因
数字4 原因	数字5 结果	数字6 原因

Step2
首先观察结果的
数字

数字1 结果	数字2 结果	数字3 原因
数字4 原因	数字5 结果	数字6 原因

Step3
在此基础上
确认与原因的数字之
间的关联性

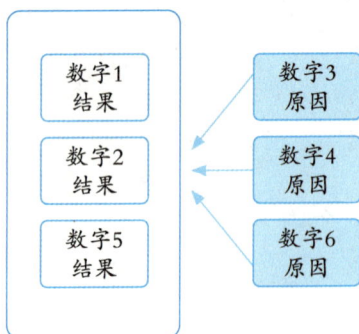

数字1 结果
数字2 结果
数字5 结果

数字3 原因
数字4 原因
数字6 原因

　　网络上也充斥着各种各样的数字，大家解读数字时要有意识地思考哪些是结果型数字、哪些是原因型数字，以及它们之间有怎样的关联性。

小结

✔ 要意识到结果型和原因型两种数字

✔ 首先应该观察的是结果型数字

✔ 对结果型数字的分解也不要忽视

✔ 在此基础上观察原因型数字并进行解释

✔ 要理解最初的数据可能只是偶然处于那个状态

第18讲

把思考的轨迹化作地图

分析是一连串思考的过程。通常做法是我们通过分析发现了一些问题，然后以此为基石，再进行调查和分析……但很多时候，往往会容易忘记过往调查了什么、明白了什么。如何才能把一连串思考的结果运用在当下的思考里面呢？

你在一家经营多家餐厅的公司里担任销售管理工作。某家店铺本月的销售额不太理想，你稍微调查后发现以下情况。

销售额	上月	本月
合计	100万日元	90万日元
新增	30万日元	30万日元
回头客	70万日元	60万日元
回头客数量	35人	30人
回头客·单次消费额	2万日元	2万日元

从表格看出，新增顾客的销售额没有问题，但回头客的

销售额和数量都有所减少。本月有三个地方发生了变更，分别为网页的更新、主厨的变更以及现场运营方式的变化。我们在这里做三个假设。

· 可能网页更新后使用便利性反而变差了
· 可能食物味道变差了
· 可能接待顾客的质量下降了

哪个假设可能成为回头客减少的原因呢？

我们试试重新梳理。回头客减少是个问题，如果我们把思考的内容用图来表示的话，如下图所示。

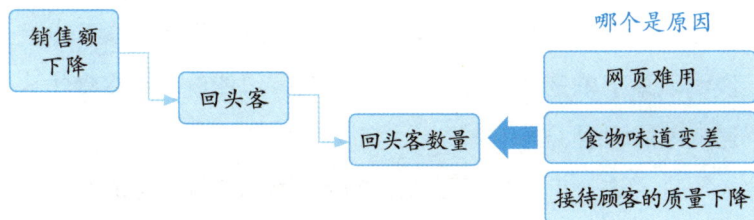

另一方面，实际上在调查的过程中我们还知道了一些信息，那就是新增顾客方面没有问题，而且回头客的单次消费额也没有减少。

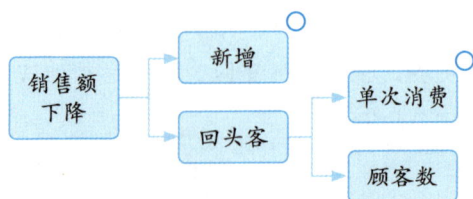

新增顾客消费额没有减少，回头客的单次消费额也没有减少，回头客的数量减少了。我们根据这三个信息，试想一下刚才的三个原因。

首先考虑网页。使用便利性对于回头客来说可能有影响，但如果这是原因的话，新增顾客的顾客数也可能会下降。但新增顾客方面没出现问题。

其次是食物。如果食物味道变差，确实可能导致顾客不会回头。但另一方面，回头客的单次消费额没有减少，也就说明点菜下单量没有减少，这样一来，可能就不存在食物味道变差的问题了。

来到这一步，剩下要考虑的就是顾客接待质量的问题。这对于新增顾客来说是体验不出来的，我们无法断定这对单次消费额有没有影响，但对比食物味道变差的可能性，顾客接待问题的可能性更高。

如上所述，以了解到的信息为基础考虑原因很重要，但实际上"无变化"的信息也是重要的信息。

关键点1. 有问题的地方要明确

关键点2. 没有问题的地方也要明确

1. 有问题的地方要明确

大家可以把分析过程中了解到的问题的流向用图表示出来，也就是"销售额下降"→"保有顾客销售额下降"→"保有顾客人数下降"，把通过表格理解到的内容充分地可视化很重要。

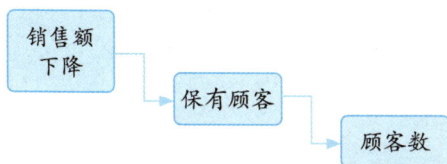

2. 没有问题的地方也要明确

问题的流向可视化以后，就在此基础上增加没有问题的项目。这里有两个项目，分别是"新增顾客没有问题"和"保有顾客的单次消费额没有问题"。

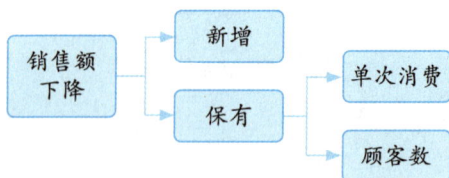

如果只是保有顾客的人数下降，那么原来假设的三个原因都存在可能性。

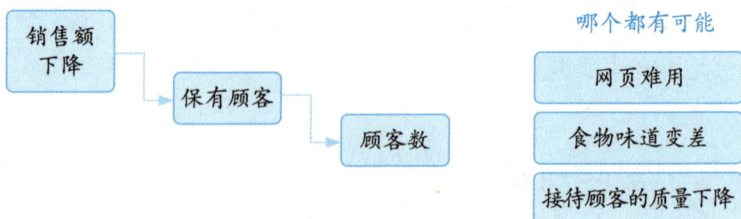

但是，如果知道新增顾客和保有顾客的单次消费额没有问题，就可以降低网页和食物原因的可能性了。

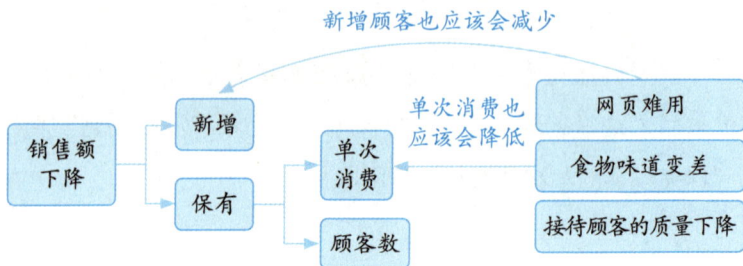

人们往往容易像左图一样思考，但事实上在思考的时候，没问题的项目也是重要的信息，所以大家要像右图那样去思考。

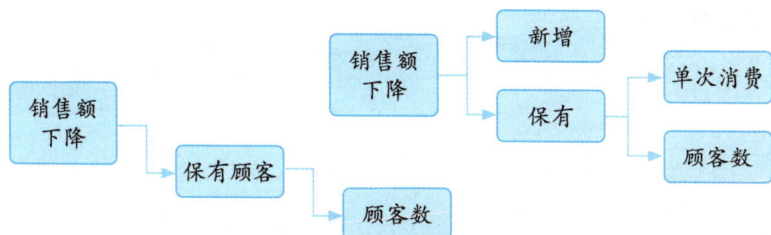

练习题

你调查与前述不同的店铺时，发现午餐时段的女性顾客消费额不太理想。你做了三个假设，分别是"顾客可能流向了便利店""带午餐便当的人可能增加了""有可能出现了新的竞争店铺"，那么哪个可能性更高呢？

解答

首先，明确有问题的地方，问题是午餐时段的女性消费情况不理想。

```
┌──────────┐        ┌──────┐              ┌──────────────┐
│ 实绩有下  │───────▶│ 午餐 │              │  新开了便利店  │
│ 降趋势    │        └──────┘              └──────────────┘
└──────────┘             │                ┌──────────────────┐
                         ▼                │ 更多人带午餐便当   │
                    ┌──────┐              └──────────────────┘
                    │ 女性 │              ┌──────────────────┐
                    └──────┘              │ 出现新的竞争店铺   │
                                          └──────────────────┘
```

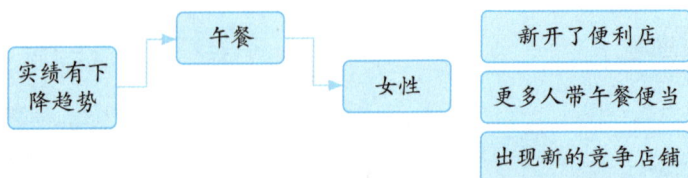

　　其次，也要明确没有问题的地方。如果说问题在午餐上，那么说明晚餐的营业情况没有问题，而且午餐时段的男性消费情况也没有问题。把没问题的地方也明确以后，如下图所示。

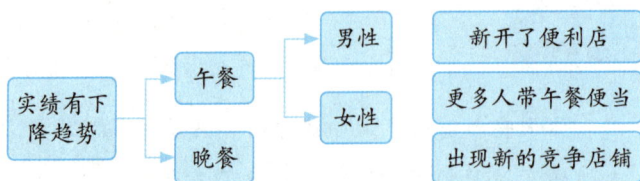

```
                              ┌──────┐     ┌──────────────┐
                    ┌──────┐  │ 男性 │     │  新开了便利店  │
        ┌──────────┐│ 午餐 │──┤      │     └──────────────┘
        │ 实绩有下  ││      │  └──────┘     ┌──────────────────┐
        │ 降趋势    │┤      │  ┌──────┐     │ 更多人带午餐便当   │
        └──────────┘│ 晚餐 │  │ 女性 │     └──────────────────┘
                    └──────┘  └──────┘     ┌──────────────────┐
                                           │ 出现新的竞争店铺   │
                                           └──────────────────┘
```

　　现在，我们再次思考那三个假设。"顾客流向了便利店"这个假设存在可能性，但如果真的是这样，男性消费者也可能会减少；其次，"顾客流向了竞争店铺"这个假设也存在可能性，但如果真的是竞争店铺的关系，对晚餐的消费也可能会造成影响；剩下的就是"带午餐便当的人增加了"。在三个假设之中，这个最有可能成为对午餐时段的女性消费造成特别影响的原因。

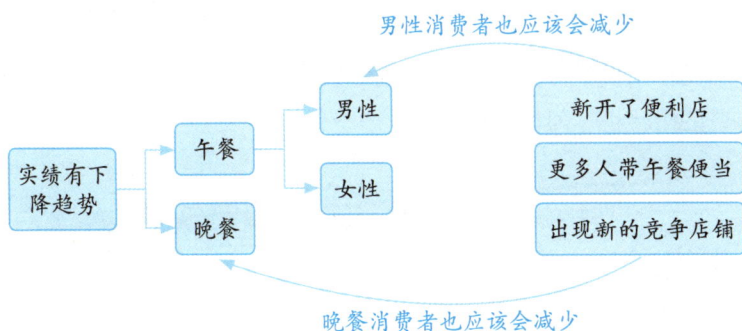

男性消费者也应该会减少

实绩有下降趋势 → 午餐 → 男性 / 女性

晚餐

新开了便利店
更多人带午餐便当
出现新的竞争店铺

晚餐消费者也应该会减少

以上的例子，我们是以新增与保有顾客、单次消费额与数量、午餐与晚餐、男性与女性这种成对的概念来考虑的，我们同样可以把某种情况以及除此以外的情况对比考虑。例如，假设我们了解到东京存在某个问题。一般我们考虑的角度是什么原因导致问题发生在东京，但其实还有一个重要的信息是在东京以外的地方有没有问题。这样就可以思考，有什么情况是只发生在东京而没有发生在其他地方的呢？

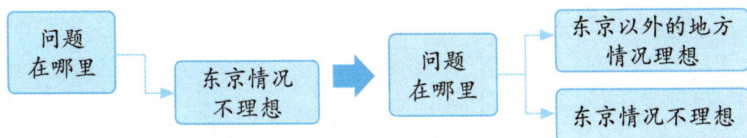

问题在哪里 → 东京情况不理想 → 问题在哪里 → 东京以外的地方情况理想 / 东京情况不理想

另外，时间轴也是同样的道理。例如，如果我们了解到去年存在某个问题，就会思考该年度发生了什么情况。另一方面，这也说明了该年度以外的时间没有问题。也就是说，前年及以前都没有问题，而且今年也没有问题，我们可以把这些情况也作为信息点。

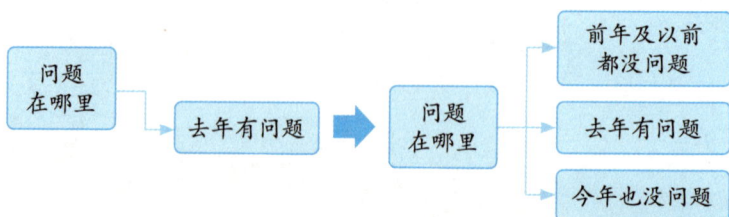

思考发生了什么情况，就是为了寻找具有特征的趋势。因为通过为事件找到特征，能够更容易思考事情发生的原因。

但我们不能仅限于此，不具有特征的事情也可以作为信息。对事件进行调查后，如果没有得到特别的结果，不要感到可惜，知道了没问题就是调查的价值。大家也要积极地思考没问题的理由。

STEP UP!

我们回想一下刚刚说明的内容，进行梳理。人在思考的过程中，如下图所示，会扩展出几种可能性，然后进行选择，一边重复这个流程一边向前推进。但是，我们往往无法充分理解过去到现在的发展历程。

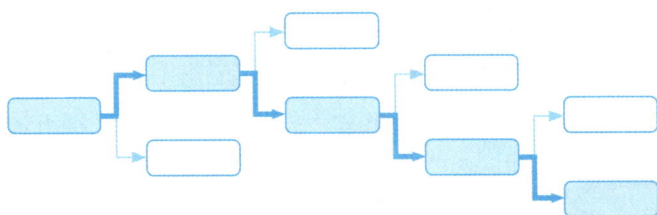

　　最终，就只能认知到现时的状况，如下图的蓝框。这样的话，连现在处于什么位置也不清楚，也不知道结果是如何一步一步积累而来的。

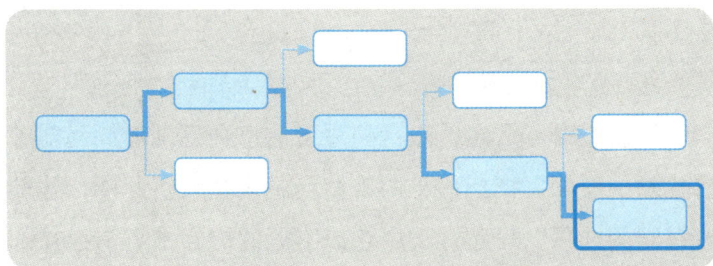

　　希望大家至少意识到下图的状态，以便知道思考的过程。

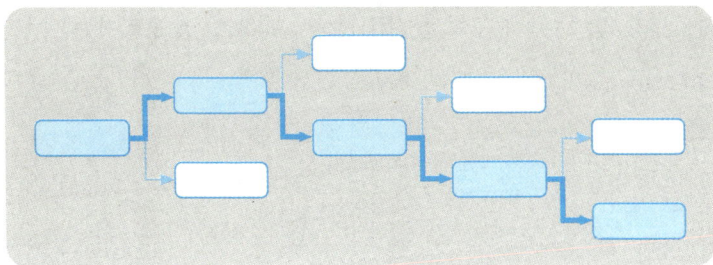

但只知道流程仍然不足够。没有选择的信息也是有价值的，所以要常有意识地把握思考的全貌，记住过程中有哪些选项、基于什么理由选择了某个选项。而且，可以把思考过程中的每一步轨迹化作地图，实行可视化。

思考的难点是随着思考的进展信息会逐渐增加。随着信息量的增加，把握信息的难度会越来越大。此外，伴随着时间的推移，思考过程中起点附近的内容很容易会被忘记。那些被称为"头脑聪明"的人，其实都是因为拥有上述的能力。

运用这样的方法，哪怕是信息量增加或者时间流逝，都能把握从开始到现在思考的全过程。同时，大家要把手上得到的信息与现在发生的情况结合起来思考。

小结

- ✓ 把已知的内容画成地图
- ✓ 没选用的信息也有价值
- ✓ 不仅仅以眼前的现象来进行判断
- ✓ 至少要知道思考的过程
- ✓ 克服量和时间的困难，把握全貌

第19讲

一边记笔记，一边向前推进

有时如果不设置前提的话就无法向前推进，这是因为，我们不一定有时间和精力去调查所有的情况。但是，有时候我们自己在不知不觉中就设置了前提。那么，为了方便日后进行回顾，应该怎么做笔记呢？

本月的销售额比上个月下降了10万日元。从新增顾客与回头客的销售额来看，新增顾客销售额从30万日元变为26万日元，减少4万日元；回头客的销售额从70万日元变为64万日元，减少6万日元，回头客的销售额减少得更多，但两方面的销售额都有所减少。

销售额	上月	本月	差异
新增顾客	30万日元	26万日元	−4万日元
回头客	70万日元	64万日元	−6万日元
合计	100万日元	90万日元	−10万日元

接下来，继续对新增顾客、回头客的单次消费额、顾客

数分别进行确认后发现，新增顾客的单次消费额没有下降，但顾客数有所减少；另外，回头客的顾客数有所增加，但单次消费额下降了。

销售额		上月		本月		变化
		100万日元		90万日元		↓
新增	顾客数	30万日元	15人	26万日元	13人	↓
	单次消费额		2万日元		2万日元	→
回头客	顾客数	70万日元	35人	64万日元	40人	↑
	单次消费额		2万日元		1.6万日元	↓

现在确认一下，如果没有发生问题的话，销售额可以恢复到什么程度。

如果新增顾客数恢复到上个月的15人，销售额就会恢复到94万日元；如果回头客的单次消费额恢复到上个月的2万日元，因为顾客数有所增加，所以销售额会达到106万日元。接下来，调查一下影响较大的回头客单次消费额为什么会下降。

如果新增顾客数与上月相同

销售额		上月		本月	
		100万日元		94万日元	
新增	顾客数	30万日元	15人	30万日元	15人
	单次消费额		2万日元		2万日元
回头客	顾客数	70万日元	35人	64万日元	40人
	单次消费额		2万日元		1.6万日元

销售额		上月		本月	
		100万日元		106万日元	
新增顾客	顾客数	30万日元	15人	26万日元	13人
	单次消费额		2万日元		2万日元
回头客	顾客数	70万日元	35人	80万日元	40人
	单次消费额		2万日元		2万日元

把目前为止的分析过程形成地图、做成笔记的话，如下图所示。

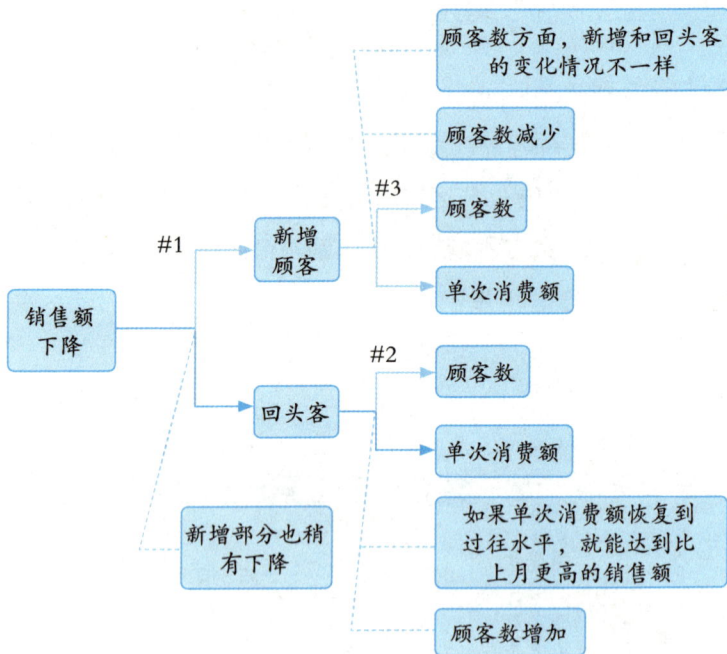

要做的事情很简单，就是一点，在分叉点记下笔记。笔记的内容多种多样，为了便于以后回顾确认，要意识到的关键点大体有两个。

关键点1. 为什么选择这条思路继续分析，理由是什么
关键点2. 没有选择的那一边是怎样的情况

以本次的例子来看，首先，第一个分叉点是新增顾客或者回头客。从金额的差额来说，回头客的差额更大，但新增顾客的销售额也有下降。因此，要记下没有选择继续分析的那一边的情况如何，即"新增部分也稍有下降"。

第二个分叉点是回头客的顾客数和单次消费额。因为选择了单次消费额这个问题点，所以要记下理由，即"如果单次消费额恢复到过往水平，销售额基本会恢复"。另外，对于没有选用的顾客数，要记下其情况，即"顾客数增加"。

实际思考时进行选择的分叉点是以上两个，但关于新增顾客的顾客数、单次消费额方面也掌握了信息，所以也要把这些信息记录下来。新增顾客方面，单次消费额没有变化，顾客数有下降，所以记下"顾客数减少"。此外，保有顾客数增加、新增顾客数减少了，所以也要记下"新增顾客与回头客的顾客数变化情况不同"。

记笔记要到什么程度，这需要进行判断。但是，在选择

了某一条路前进以后，有时不一定会得到自己设想的结果。为了后面回过头来思考时不用重新从零开始调查，要尽可能地记录信息。

练习题

　　今年新人的离职人数从往年的4人增加到8人。为了调查原因，把这8人按照不同的分店进行了归类，从而了解到，8人之中有5人是从C分店离职的，A、B分店与往年相比没有差异。

　　C分店与往年相比，从比率来看，离职率确实增长了4倍，所以应该是存在某些问题。那么，如果想就此进一步调查C分店离职人员增加的原因，应该记下什么笔记呢？

年度	招聘数	1年以内的离职人数			
		合计	A分店	B分店	C分店
前年	100	4	2	1	1
去年	100	4	2	1	1
今年	100	8	2	1	5

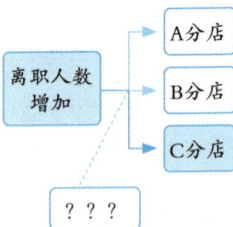

离职人数增加 → A分店
→ B分店
→ C分店
？？？

　　以C分店为中心进行调查，也就是说A、B分店没有问题。那么，以什么依据判断A、B分店没有问题，C分店很可能有问题呢？要仔细地进行思考。

　　我们认为C分店有问题的依据是，它的离职人员有5人，比A、B分店多。但要意识到，如果要说明5人很多，就需要有前提。

　　首先，如果要把2人、1人、5人进行比较，说明5人比较多，前提就必须是分配到A、B、C分店的新人人数大致相同。极端点来说，如果A、B分店只分配了10位新人，而C分店分配了80位新人，那么从离职人员的比率来说，A分店、B分店的离职率就变得更高了。我们可以记下把C分店作为问题来分析的前提信息。

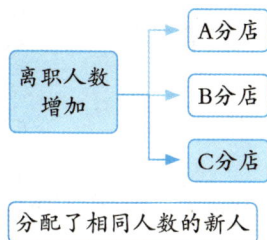

```
                    ┌──→ [ A分店 ]
[ 离职人数 ]───────┼──→ [ B分店 ]
[   增加   ]        └──→ [ C分店 ]

        [ 分配了相同人数的新人 ]
```

　　如上述例子，我们往往在观察到一些状况后，就想直接往前思考，在不知不觉中设置了一些前提来分析。因此，来到分叉点的时候，要习惯性地问问自己，是否已经为进一步分析设置了"前提"。

接下来，我们继续向前，思考C分店离职人员多的原因。我们罗列出薪资、同事间关系、后勤服务这些要素，这些都有可能成为离职的原因。另一方面，现在知道的是C分店有问题，反过来说就是A、B分店没有问题。如果是薪资与后勤服务的原因，那么A分店、B分店也可能出现问题，所以推测C分店特有的要素是同事间关系，有可能是这方面出了问题，于是决定往这个方向作进一步的调查。

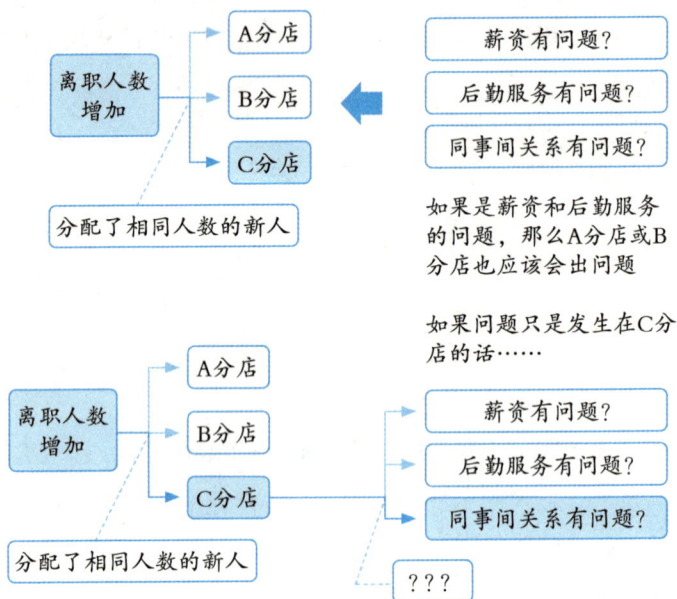

离职人数增加 → A分店
离职人数增加 → B分店 ←
离职人数增加 → C分店

分配了相同人数的新人

薪资有问题？
后勤服务有问题？
同事间关系有问题？

如果是薪资和后勤服务的问题，那么A分店或B分店也应该会出问题

如果问题只是发生在C分店的话……

离职人数增加 → A分店
离职人数增加 → B分店
离职人数增加 → C分店 →

分配了相同人数的新人

薪资有问题？
后勤服务有问题？
同事间关系有问题？
？？？

那么在这个分叉点上，应该记下什么笔记呢？

首先写下选择的理由，可以写"只在特定的分店可能发生的情况"。还有没有其他前提呢？

以上这些都是人员入职后采取的措施。如果把原因锁定在人员入职后的措施上是有前提的话，那就是"人"没有改变。

入职的基准有变化，招聘了一些比起以往更容易辞职的人并分配到分店里，也不是没有可能。这样去想的话，整体的思路和笔记可以整理成下图。

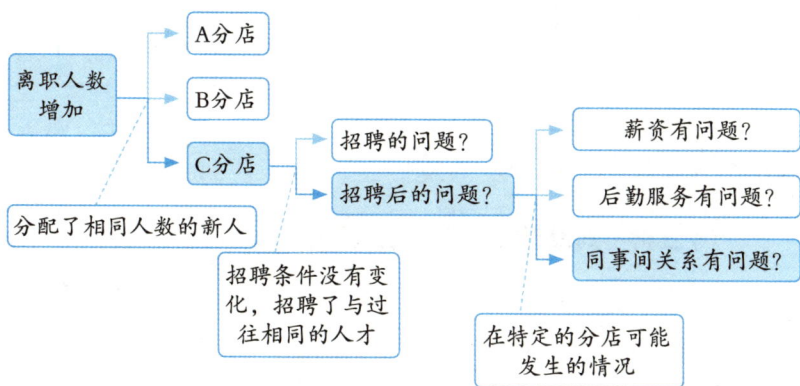

我们来看看留下笔记有什么好处。

● **在探讨的过程中可以作为参考**

第一点是在探讨的过程中可以作为参考。因为明确记录了调查中了解到的情况以及自身设置的前提，所以即使探讨已经往前推进，也能够时时对照此前了解到的事实，确认是否与事实一致，这就是笔记发挥的作用。

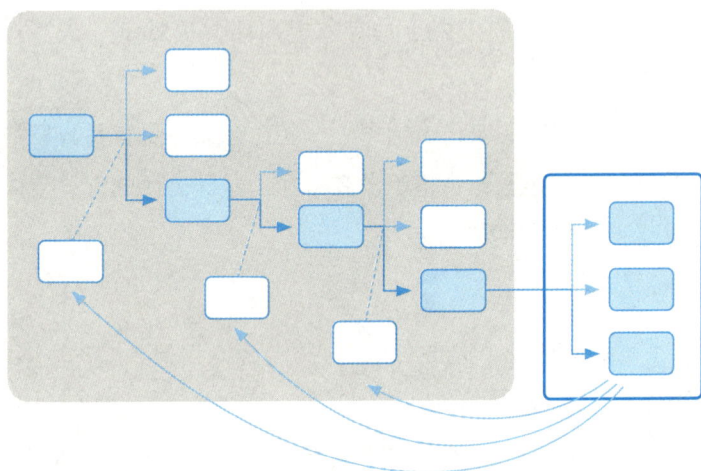

● **在得不到设想的结果时发挥作用**

还有一点，就是知道应该回到哪一步进行思考。因为进行调查后，有可能不会如愿得到设想的结果，或者发现并不存在问题。在这些时候，如果有记笔记的话，就能知道是通过怎样的思路得出了目前的结论、其前提是什么、没有选择的分支是什么，那么就更容易修正思路的轨道了。

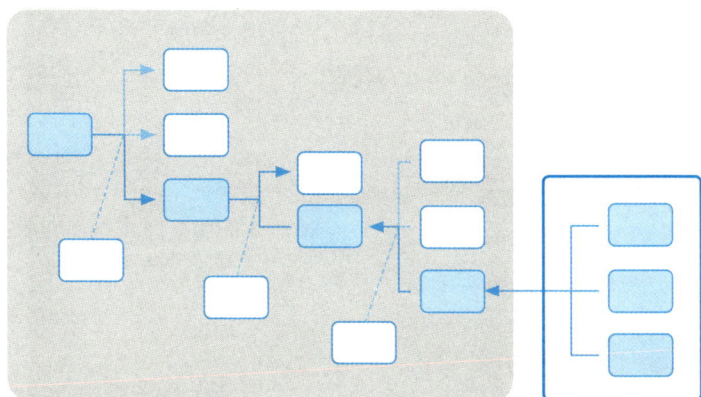

　　在实际的商务运营中，解决问题的过程不一定都能像直线一样顺利到底。要在通过调查了解到的信息范围内设置前提，向前推进，在推进后又会获得新的信息。然后，也要回过头来进行思考，如此往复。

　　"知道了什么"是我们都会了解的，但也要了解"什么是不知道的""设置了什么前提""不选那个分支的理由""不选的分支那里是什么情况"等，在这些信息能够明确的时候，就要留下笔记，边记笔记边进行分析。

小结

✓ 需要记笔记的地方是在"分叉点"

✓ 记下选择某条思路继续分析的理由

✓ 记录不选的分支后续是什么情况

✓ 要问自己有没有无意识地设置了前提

✓ 笔记不一定会马上发挥作用,但是在后续的分析过程中会有用

第20讲

从已经发生的事情开始判断

一方面，进行调查，根据得知的结果进行进一步的调查，这样的思路很重要。另一方面，并不是所有的调查都能全部实施。在已知信息的范围内推测发生了什么情况，然后接着进行下一步分析，这种基本预测法目前比较流行。基本预测法是怎样的思维方式呢？

现在要招募临时的学生兼职者，有较多应聘者，最终有几名职员来进行面试。每个职员负责面试3人，人员随机分配。你拿到3人的简历，偶然取出来的简历是一位女性的。我们试想一下，你负责面试的3人全是女性的概率有多少？前提是应聘者中的男女人数相同。

我们罗列出所有可能的情况。为了方便说明，3人分别称为A、B、C。以下是所有的情况。

	A	B	C
情况1	男性	男性	男性
情况2	男性	男性	女性
情况3	男性	女性	男性
情况4	女性	男性	男性
情况5	男性	女性	女性
情况6	女性	男性	女性
情况7	女性	女性	男性
情况8	女性	女性	女性

你取出来的简历碰巧是女性的，所以从上述的表格中选择女性的话，有以下12种可能性。（为了便于说明，添加编号）

	A	B	C
情况1	男性	男性	男性
情况2	男性	男性	女性 1
情况3	男性	女性 2	男性
情况4	女性 3	男性	男性
情况5	男性	女性 4	女性 5
情况6	女性 6	男性	女性 7
情况7	女性 8	女性 9	男性
情况8	女性 10	女性 11	女性 12

最后，我们从推测取出来的简历是哪一份简历开始梳理。

如果取出来的简历属于女性1至女性3，那么就是情况2、情况3、情况4，这3种情况都是只有1名女性；如果取出来的简历属于女性4、女性5，就是情况5；如果取出来的简历属于女性6、女性7，就是情况6；如果取出来的简历属于女性8、女性9，就是情况7，这些情况都是有2名女性；如果取出来的简历属于女性10至女性12，就是情况8，这种情况有3名女性。

简历	情况	状态
女性1	2	
女性2	3	有1名女性
女性3	4	
女性4	5	
女性5	5	
女性6	6	
女性7	6	有2名女性
女性8	7	
女性9	7	
女性10	8	
女性11	8	有3名女性
女性12	8	

偶然选取的简历属于女性，说明简历有可能是属于女性1至女性12之一，共12种可能。那份简历如果是从3名都是女性的状态中选取出来的，就是情况8，共有3种可能。因此，概率就是3÷12＝0.25。

关键点1. 把所有可能发生的情况列举出来

关键点2. 将情况分类并记录频率

关键点3. 对照确认想调查的情况是否符合条件

1. 把所有可能发生的情况列举出来

首先，把有可能发生的情况全部列举出来。

	A	B	C	状态	
情况1	男性	男性	男性	男性3	女性0
情况2	男性	男性	女性	男性2	女性1
情况3	男性	女性	男性		
情况4	女性	男性	男性		
情况5	男性	女性	女性	男性1	女性2
情况6	女性	男性	女性		
情况7	女性	女性	男性		
情况8	女性	女性	女性	男性0	女性3

如果只考虑本次例子的最终状态，那么将男性与女性的人数分别表示出来的话（男性的人数、女性的人数），有（3名、0名）、（2名、1名）、（1名、2名）、（0名、3名）4种模式。而从上表知道，

3名都是男性的情况，有1种可能

2名是男性的情况，有3种可能

　　　　　1名是男性的情况，有3种可能

　　　　　0名是男性的情况，有1种可能

概率并不相同。

可以想象一下，类似于一个硬币投3次都是正面朝上的概率，跟硬币投3次有2次正面朝上的概率相比，后者的概率是前者的3倍，这样比较容易理解。要记住，需要把所有的情况都仔细罗列出来。

2. 将情况分类并记录频率

把所有的情况都罗列出来之后，数一数本次发生的情况可能会发生的频率。要认真确认，防止遗漏。

3. 对照确认想调查的情况是否符合条件

最后，计算出想调查的情况发生的概率。在本次的例子中，偶然取出的一份简历属于女性，我们要计算的是3份简历都属于女性的概率，所以想调查的情况是，取出3份女性的简历，总共有12份，那么3 ÷ 12 = 0.25。

同理计算其他的情况。3份简历中只有1名女性的情况也是有3种可能，所以概率是$3 \div 12 = 0.25$；3份简历中有2名女性的情况有6种可能，所以概率是$6 \div 12 = 0.5$。

练习题

在与上述背景相同的前提下，一个职员要负责4人的面试，当偶然取出的简历属于1名女性时，请思考一下，你负责的应聘者中，有2名男性、2名女性的概率是多少。

解　答

与刚才一样，为了便于说明，我们把4名应聘者称为A、B、C、D，有可能发生的情况是以下16种。

	A	B	C	D	状态	
情况1	男性	男性	男性	男性	男性4	女性0
情况2	男性	男性	男性	女性		
情况3	男性	男性	女性	男性		
情况4	男性	女性	男性	男性	男性3	女性1
情况5	女性	男性	男性	男性		
情况6	男性	男性	女性	女性		
情况7	男性	女性	男性	女性		
情况8	男性	女性	女性	男性		
情况9	女性	男性	男性	女性	男性2	女性2
情况10	女性	男性	女性	男性		
情况11	女性	女性	男性	男性		
情况12	男性	女性	女性	女性		
情况13	女性	男性	女性	女性		
情况14	女性	女性	男性	女性	男性1	女性3
情况15	女性	女性	女性	男性		
情况16	女性	女性	女性	女性	男性0	女性4

抽到女性简历的可能性有32种。（为了方便说明，编上编号）

	A	B	C	D
情况1	男性	男性	男性	男性
情况2	男性	男性	男性	女性1
情况3	男性	男性	女性2	男性
情况4	男性	女性3	男性	男性
情况5	女性4	男性	男性	男性
情况6	男性	男性	女性5	女性6
情况7	男性	女性7	男性	女性8
情况8	男性	女性9	女性10	男性
情况9	女性11	男性	男性	女性12
情况10	女性13	男性	女性14	男性
情况11	女性15	女性16	男性	男性
情况12	男性	女性17	女性18	女性19
情况13	女性20	男性	女性21	女性22
情况14	女性23	女性24	男性	女性25
情况15	女性26	女性27	女性28	男性
情况16	女性29	女性30	女性31	女性32

我们想调查的情况是，4份简历中有2名男性、2名女性的情况。表中的情况6至情况11符合条件。

	A	B	C	D
情况1	男性	男性	男性	男性
情况2	男性	男性	男性	女性1
情况3	男性	男性	女性2	男性
情况4	男性	女性3	男性	男性
情况5	女性4	男性	男性	男性
情况6	男性	男性	女性5	女性6
情况7	男性	女性7	男性	女性8
情况8	男性	女性9	女性10	男性
情况9	女性11	男性	男性	女性12
情况10	女性13	男性	女性14	男性
情况11	女性15	女性16	男性	男性
情况12	男性	女性17	女性18	女性19
情况13	女性20	男性	女性21	女性22
情况14	女性23	女性24	男性	女性25
情况15	女性26	女性27	女性28	男性
情况16	女性29	女性30	女性31	女性32

在这个范围内抽取出的简历是女性有12种可能，即女性5至女性16之一。因此，4份简历包含2名男性、2名女性的概率是$12 \div 32 = 0.375$。

STEP UP!

在每个职员负责4人面试的前提下，偶然取出的简历是女性，4份简历包含2名男性、2名女性的概率刚才已经进行了计算。那么我们也算出其他情况的概率，计算的结果如下。

男性4名、女性0名的概率　　0
男性3名、女性1名的概率　　4 ÷ 32 ＝ 0.125
男性2名、女性2名的概率　　12 ÷ 32 ＝ 0.375
男性1名、女性3名的概率　　12 ÷ 32 ＝ 0.375
男性0名、女性4名的概率　　4 ÷ 32 ＝ 0.125

这次碰巧抽取出女性的简历，所以以此为前提进行了概率的计算，而本身男性与女性的人数构成是怎样的概率呢？以下是计算的结果。

男性4名、女性0名的概率　　1 ÷ 16 ＝ 0.0625
男性3名、女性1名的概率　　4 ÷ 16 ＝ 0.25
男性2名、女性2名的概率　　6 ÷ 16 ＝ 0.375
男性1名、女性3名的概率　　4 ÷ 16 ＝ 0.25
男性0名、女性4名的概率　　1 ÷ 16 ＝ 0.0625

如果把原本的状态作为事前概率，把中途追加了信息、根据信息计算出来的概率作为事后概率的话，可以总结如下。

状态		事前概率	信息	事后概率
男性4	女性0	$1 \div 16 = 0.0625$		0
男性3	女性1	$4 \div 16 = 0.25$		$4 \div 32 = 0.125$
男性2	女性2	$6 \div 16 = 0.375$	包含1名女性	$12 \div 32 = 0.375$
男性1	女性3	$4 \div 16 = 0.25$		$12 \div 32 = 0.375$
男性0	女性4	$1 \div 16 = 0.0625$		$4 \div 32 = 0.125$

我们从左边开始解读。如果没有任何信息，男性、女性的构成比例等于事前概率。在增加了"包含1名女性"的信息后，男性、女性的构成比例就相当于事后概率。也就是说，在增加了信息后，概率会发生变化。另外，信息增加以后，从不确定的状态变化为增加了一个确凿的信息，所以精确度会提升。这种思路称为"基本预测法"。

这种思路还可以适用于以下的情境。请稍作思考。

假设有同样用黑布做成的不透明袋子共100个，其中有20个里面有金币。我们如果有一台装置可以在不打开袋子的情况下辨别是否有金币在内，且这个装置的实力情况如下：

· 在有金币的时候，能正确辨别的概率为90%
· 在没有金币的时候，能正确辨别的概率为95%

现在，从100袋中取出1袋，让这个装置辨别有没有金币在内，装置判断袋子内有金币。那么，这个袋子里真的有金币的概率是多少呢?

为了便于思考, 我们假设100袋都让这个装置进行辨别。

首先, 关于有金币的20袋, 装置能准确辨别的概率是90%, 也就是说装置将会判断出 $20 \times 90\% = 18$ 袋。

另一方面, 有10%的概率会判断错误, 即有2袋虽然是有金币的, 但却会被判断为没有金币。

接着, 关于没有金币的80袋, 同样让装置去辨别的话, 装置能准确判断的概率是95%, 也就是说会判断 $80 \times 95\% = 76$ 袋是没有金币的。另一方面, 因为错误率是5%, 所以有4袋虽然是没有金币的, 但却会被判断为有金币。

把整体情况进行整理后, 如下表所示。

真实情况	有金币	20
	没有金币	80

➡️

预测	
有金币	没有金币
18	2
4	76

因此, 这个装置判断有金币的次数是 $18 + 4 = 22$ 次。在这里面, 真正有金币的是18次, 所以其概率是 $18 \div 22 \approx 0.82$。

本来在100袋里面, 只有20袋装有金币, 所以如果只是随便猜的话, 猜中的概率是20%, 而通过利用这个装置, 猜中的概率可以提升到约82%。

| 事前概率 20% | → | 信息 有金币 （辨别装置） | → | 事后概率 82% |

我们在以上的部分说明了能够辨别袋子内是否有金币的装置，而这个装置也可以换成以下的内容来想象。

·根据图像数据辨别有没有生病的AI

·根据照片辨别问题位置的AI

·根据文字信息读取内容的AI

·预测明日天气的AI

我们不一定要依靠AI，其实在我们身边有许多方法，虽然准确率不是100%，但也可以以一定的精确度得出结论。在考虑应该如何解释AI判定的结果时，可以运用这些方法。

假设一个概率，根据所得的信息，再对假设的概率进行进一步修正，在无法预测下一步的情况下，这种方法被认为比较有效。如上文提到的，可以在解释AI算出的结果的时候使用这种方法，而且本来AI中应用的机器学习等技术背后也蕴藏着这种思路，大家有兴趣的话可以深入学习研究。

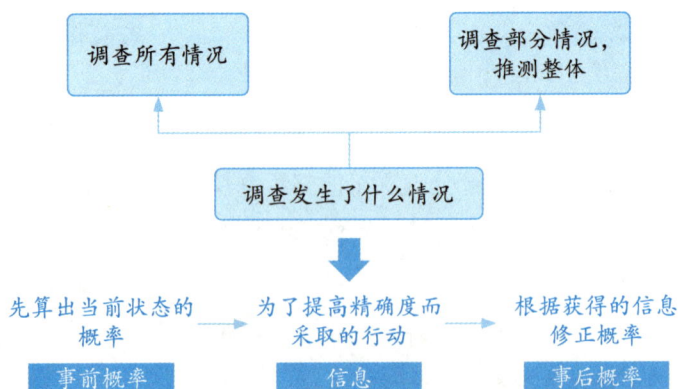

```
┌─────────────────┐                      ┌─────────────────┐
│  调查所有情况    │                      │  调查部分情况，  │
│                 │                      │  推测整体        │
└─────────────────┘                      └─────────────────┘
         ↑                                        ↑
         └───────────────┬────────────────────────┘
                ┌─────────────────┐
                │ 调查发生了什么情况 │
                └─────────────────┘
                         ⬇
```

先算出当前状态的   为了提高精确度而   根据获得的信息
概率   →   采取的行动   →   修正概率

事前概率   **信息**   **事后概率**

小结

✓ 有一种方法是先算出事前概率，然后根据获得的
  信息更新概率

✓ 罗列出所有可能的情况

✓ 确认其中符合条件的情况

✓ 根据所有情况的数量和符合条件的信息计算概率

✓ 这是AI背后蕴藏的思路，是当今重要的方法，请
  大家掌握好

毕业考试

接下来是最后的毕业考试。

请思考在解决问题的过程中，难点是什么。

在实际的商务环境中，会出现各种各样的信息。在面对这种状况时，我们会想把信息之间的关联性找出来，而且还会尝试用解决问题的口吻来解释，例如"D是问题，而实际上发生了B的情况，这是因为I的原因而引起的"。

想找出关联性

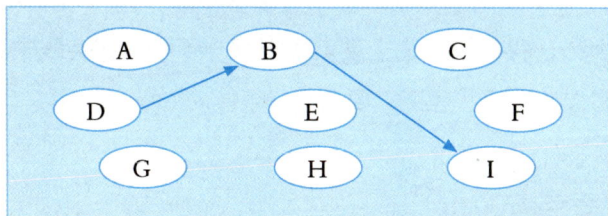

但是再进一步想想，感觉好像"A是问题，而实际上发生了E的情况，这是因为I的原因而引起的"这样的解释也说得通。

　　另外，"G是问题，而实际上发生了H的情况，这是因为C的原因而引起的"或许也有可能，这样越想越发散，局面就难以收拾了。

越来越难收拾的局面

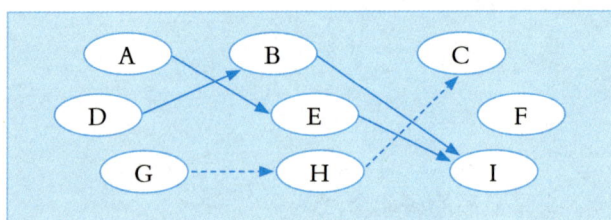

　　虽然上述的情况是特意描写得很极端，但实际上却是有可能发生的。

　　之所以会变成这样，是因为人们在同时获得多个不同的信息时想同时处理这些不同的信息，还想一口气下结论。总的来说，解决问题的难点是有多个信息存在时，难以完善地处理。

　　那么，我们根据这个难点来把握一下今后在实践中进行应用时应该有哪些意识。要点有三个。

1. 铺设主干道

要很好地处理多个存在的信息，重点可以说就是仔细地遵循本次介绍的方法流程。

- 什么是问题，谨慎地选定出发点
- 认真把握什么是正在发生的现象
- 充分思考理由是什么

在思考解决对策前，首先要记住按照这个步骤，铺好"最核心的主线＝主干道"。

铺设主干道

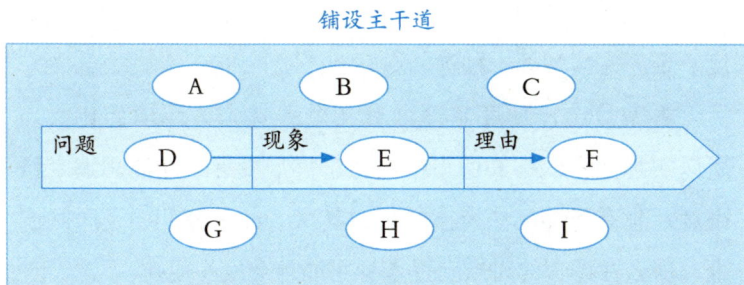

这里的重点是不要跳过步骤。人们往往一开始就想去思考最终的理由"到底是为什么"，但重要的是按照思考的流程分步骤走。在思考问题是什么的时候，要稍微忍耐，把思考理由的事先放在头脑中的一个角落；在思考正在发生什么情况的时候，重要的是集中精力弄清楚正在发生的情况。

还有一点是要把主干道和岔道分开来考虑。很多时候我们容易被各种事项吸引注意力，想得太复杂，会同时处理多个问题，或者用随意的解释把本来没有关联性的事项关联起来。一旦以一个问题作为出发点，首先就要专心地针对这个问题铺设好主干道。主干道完成以后，进而思考你在意的那些岔道与主干道有怎样的关联性。

2. 以转速论胜负

接下来，要思考是选择速度还是精确度。即使精确度不够也要优先选择速度，还是即使牺牲速度也要优先选择精确度，要考虑清楚哪一种选择更好。

答案是选择速度。理由有几个：首先，环境变化快，所以实际上我们不知道事情会有怎样的发展，即使想追求精确度，也有可能无法得出结果；其次，如果我们要花时间调查，那么在调查的时候前提本身可能也会发生变化。

速度优先，先尝试做第一步，就会有收获。你会收获到一些不尝试做就不知道的信息，而且尝试做了以后，积累的经验很可能可以在下次活用。与其花很多时间提高解决对策的精确度，不如迅速地实施两次可能有效的解决对策，以转速论胜负。

【从前＝按部就班型】

| 问题 | 现象 | 理由 | 解决对策 |

△分析的期间环境发生变化
△分析的期间前提发生变化

【今后＝转速型】

| 问题 | 现象 | 理由 | 解决对策 | 问题 | 现象 | 理由 | 解决对策 |

○从经验中获得见识
○尝试做了以后获得的信息

与其花很多时间提高解决对策的精确度，
不如迅速地实施**两次可能有效的解决对策**

3. 为未来缔造因果

　　本书主要围绕解决问题的主题进行了说明。大体的步骤有四个，即辨清问题、把握现象、抓准理由、思考解决对策。最后，我们来想想实施解决对策以后要做什么。

　　解决对策是为了什么而实施的呢？是为了解决问题。解决问题这件事，也可以说是思考怎样微调见解、预测怎样的状态最佳、缔造未来的状态的过程。这样去理解的话，为了缔造未来理想的结果，现在正在采取一些对策，现在采取的对策＝解决对策，就是形成未来的结果的原因。

　　也就是说，我们思考日常应该采取的解决对策并付诸行动，相当于一步一步地缔造着未来的因果关系。对过去发生的事情分析发生的原因也很重要，然而过去的事情无法改变。

　　另一方面，从面向未来的因果关系来看，如果改变现在的对策，未来的结果就可以改变。换言之，如果能够勤勤恳恳地对现在的对策进行不断的迭代，就可以不断地改变未来。希望大家可以把本书介绍的解决问题的方法用于创造理想的未来。

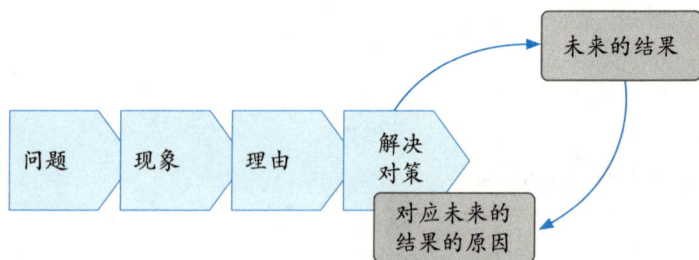

后记

　　《工作一年拉开差距：逻辑思考》出版后经过了一年的时间，现在已经是第三次宣布紧急事态了，原本以为一年以后生活应该会回归正常，现在看来还是想得太简单了，事态仍然持续至今。

　　另一方面，如果换个角度来看，现在这个肯定是历史性的事件，虽然不知道还有多久才会平息，但是很显然往后的日子跟以前会有所不同。面对这样一个全新的未来，我们需要解决各种各样的问题，而能够在这个时期获得机会就这个话题分享经验，我不胜感激。

　　"解决问题"由一连串的步骤构成，所以一开始得到这个机会的时候，我还有点担心不知能否阐述清楚这些内容。不过，事实上除了在《工作一年拉开差距：逻辑思考》中介绍的内容以外，我在日常的课程中也确实给学员们教授了一些技巧。我对解决问题的步骤进行了梳理，从结果来看，似乎得以作为《工作一年拉开差距：逻辑思考》的姊妹篇，汇编完成。

书中有多少内容能让大家觉得恍然大悟，全凭大家去感受，但只要有哪怕一两个内容能够为大家今后的思维方式提供一些线索，这都是我的荣幸。

最后，再次诚挚地感谢东洋经济新报社的若林千秋先生，他在疫情期间也依旧细心地帮助我考虑怎样写读者才更容易理解；感谢我的同事嶋田毅先生，他结合多次出版经验给我提出了宝贵的建议；感谢各位朋友在日常的课程中配合我进行了积极的思考。

2021年5月

参考文献

伊藤公一朗著

　『データ分析の力　因果関係に迫る思考法』光文社新書、
2017年

グロービス著、鈴木健一執筆

　『定量分析の教科書』東洋経済新報社、2016年

クロービス経営大学院著

　『改訂3版　グロービス MBA クリティカル・シンキング』
ダイヤモンド社、2012年

齋藤嘉則著

　『新版　問題解決プロフェッショナル』ダイヤモンド社、2010年

高田貴久・岩澤智之著

　『問題解決』英治出版、2014年

照屋華子・岡田恵子著

　『ロジカル・シンキング』東洋経済新報社、2001年

中室牧子・津川友介著

　『原因と結果の経済学』ダイヤモンド社、2017年

福澤英弘著

　『定量分析実践講座』ファーストプレス、2007年

子供の科学編集部編、涌井良幸著

　『統計ってなんの役に立つの?』誠文堂新光社、2018年

渡辺健介著、matsu（マツモト ナオコ）イラスト

　『世界一やさしい問題解決の授業』ダイヤモンド社、2007年